ABC ITALIA

Stefano Fugazzi

ABC ITALIA

MENO DEBITO. PIÙ CRESCITA. PIÙ ITALIA.
L'ABC DELLE IDEE PER UNA
NUOVA POLITICA ECONOMICA
PER L'ITALIA IN EUROPA.

Prefazione di Paola De Pascali

Postfazione di Luigi Patisso

ABC ECONOMICS

Copyright © 2016 Stefano Fugazzi

Grafica di copertina: Stefano Fugazzi

Tutti i diritti riservati.

Prima edizione: luglio 2014
Nuova edizione: settembre 2016

ISBN 978-1-326-66573-9

Un progetto editoriale curato dal portale di analisi e ricerca *ABC Economics*

Portale web: http://abceconomics.com/

Indice

VII   Prefazione di Paola De Pascali

1   Introduzione

3   Prima Parte – Il quadro economico italiano

13   Seconda Parte – Ridurre il debito pubblico per reperire risorse da destinare alla politica economica

35   Terza Parte – Trasformare l'eurozona in un'area valutaria (più) ottimale

47   Quarta Parte – Salvare il sistema economico italiano con lo sblocco dei debiti della pubblica amministrazione e l'oro di Bankitalia

59   Quinta Parte – L'abc della crescita

111   Postfazione di Luigi Patisso

115   Bibliografia

Prefazione

Di Paola De Pascali

ABC. Tre semplici lettere, le prime dell'alfabeto che spesso vengono utilizzate per indicare l'avvio di un processo.

L'autore Stefano Fugazzi ha scelto egregiamente questo titolo per delineare la fase di ripresa necessaria per rimettere in moto l'economia italiana, ormai in stato di declino da 10 anni.

Nonostante alcuni timidi segnali di ripresa il clima di stagnazione regna imperverso, portando ad un immobilismo istituzionale e ad una passività intellettuale tra i cittadini che non si riconoscono più parte attiva della *res publica.*

Il Fugazzi ha pensato bene di tracciare il terreno della ripresa, proponendo una visione alternativa che prende le distanze da chi auspica uno sterile cambiamento a 360 gradi.

Coloro i quali aizzano la rivolta per intraprendere azioni drastiche, non conoscono o peggio, ignorano l'esistenza di un iter burocratico europeo che in caso di revisione dei trattati richiederebbe l'unanimità.

L'idea di avviare un cambiamento repentino non può portare alcun beneficio allo stato comatoso italiano soprattutto ora, come scrive il Fugazzi che la fase di crisi acuta all'interno dell'eurozona si avvia al processo di superamento.

Occorre pertanto, squarciare quel velo di maia che sembra offuscare le menti di molti economisti orientati a sorvolare i regolamenti europei. Tali regolamenti seppur a denti stretti, vanno rispettati in nome della legge. *Dura lex sed lex.*

Il Fugazzi segue dall'estate del 2011 l'evolversi della crisi europea, evidenziando i limiti e l'imperfetto funzionamento dei meccanismi che regolano la moneta unica.

L'autore punta il dito ad un'autentica *spending review* al fine di ridistribuire i singoli costi, riducendo lo *stock* di debito e di conseguenza il rapporto debito/PIL mediante una serie di dismissioni di *asset* mobiliari e immobiliari pubblici. E da qui, l'agenda di privatizzazioni per dare nuovo slancio e linfa vitale all'economia italiana.

Nonostante lo scetticismo iniziale che mi ha accompagnato nella lettura di tale agenda, il Fugazzi snocciola una serie di motivazioni concrete e plausibili che tracciano i confini del privatizzare, escludendo i beni strategici nel nome della pubblica utilità come acqua e sanità.

L'autore sostiene che sia necessario distinguere tra *asset* che possano essere ceduti a breve termine e *asset* che richiedano un lavoro più peculiare.

Come suggerisce l'Organizzazione per la Cooperazione e lo Sviluppo Economico (OCSE) sulle privatizzazioni, occorre garantire trasparenza e integrità al processo, limitando le restrizioni alla proprietà straniera e ovviamente, gli strumenti di controllo post-privatizzazione dovrebbero essere usati con giudizio.

Tra le varie proposte che rientrano nell'abc della crescita auspicata dal Fugazzi, non può passare inosservata l'azione di salvataggio del *Made in Italy*. Un marchio questo, tanto prestigioso quanto indifeso, lasciato in balìa dello sciacallaggio da contraffazione.

L'autore lancia l'allarme delle perdite per il bilancio dello Stato in termini di mancate entrate fiscali, ammontando a quasi 5 miliardi e 281 milioni di euro. Un'altra cifra che deve scuotere gli animi sono i quasi 300mila posti di lavoro sottratti all'economia reale.

Oltre al danno anche la beffa, insomma. Ci scippano le risorse e fanno cassa a nome nostro, quello italiano. Quella bandiera tricolore che ci gonfia il petto quando la nostra squadra scende in campo, ma al di là di una partita di pallone il patriottismo e il buon senso vanno fuori porta. E nessuno si lamenta, nessuno va a rivendicare i tanti prodotti contraffatti in giro per il mondo, come il Parmigiano Reggiano sostituito in America con il *Parmesan*.

Per salvare il marchio italiano, l'autore ha proposto il *Made in Italy Consortium*, ovvero un consorzio internazionale e una garanzia di buon adempimento (*performance bond*). Una piccola quota che non deve spaventare nessuno perché viene rimborsata una volta che il consorzio abbia attestato l'effettiva origine e provenienza dei prodotti. Una prova del 'nove', dunque, che servirebbe per attestare l'italianità.

Per riavviare il *Made In Italy* il Fugazzi suggerisce di scommettere anche sulla *Green Economy*, una strada percorribile per un futuro sostenibile. I dati riportarti parlano chiaro, circa 5 milioni di posti di lavoro direttamente collegati all'economia verde, avvalendosi di investimenti eco-sostenibili.

Sempre su questa direzione s'incastona perfettamente la proposta lanciata dalla Fondazione per le Qualità Italiane, la cosiddetta Symbola che mira a produrre "all'ombra dei campanili". Dai suggestivi borghi antichi si possono scorgere quegli scrigni artistici che fanno gola ai tanti turisti provenienti da tutto il mondo. Salvaguardando queste micro realtà e valorizzando i prodotti agroalimentari locali si può incentivare il turismo dei piccoli comuni con meno di 5mila abitanti.

Avvalendosi di finanziamenti del governo italiano e dell'Unione Europea, tale proposta può essere letta anche in chiave diversa, quella del recupero. I piccoli Comuni del Centro Italia, come Amatrice, totalmente rasi al suolo dallo sciame sismico, potrebbero essere ricostruiti e rilanciati mediante i fondi previsti da tale proposta.

Perché non è mai troppo tardi per ricominciare da zero, per ripartire da quell'ancestrale ABC. Sì, il Fugazzi ha ragione: abbiamo proprio bisogno di crescita. E non solo di crescita economica, ma anche interiore. Gli italiani devono ritrovare sé stessi, le loro origini, per risorgere dalle proprie ceneri.

E questo libro spiana la strada in maniera semplice e genuina per tornare a vivere.

Paola De Pascali,

Giornalista

Introduzione

Il 2016 segna il decimo anno di una crisi che, almeno inizialmente, non si prospettava durare così a lungo. E sebbene secondo l'Istat (si faccia riferimento al documento inserito nella prima parte di questo saggio, nda) si inizino a intravvedere i primi segni di ripresa, occorre ricordare al lettore che il declino economico italiano non ha avuto inizio con la crisi del 2007, né può considerarsi la sola e diretta conseguenza della privazione della politica valutaria in seguito all'adozione della moneta unica.

Quello che stiamo vivendo in Italia è in realtà un processo che parte da molto lontano, che si inserisce in un trend strutturale di declino economico avviato già alla fine degli anni '70, come annotano Emanuele Felice e Giovanni Vecchi in uno studio che mette a confronto, su un periodo di 150 anni, la *performance* in termini di crescita dell'Italia con quella di oltre 100 paesi sviluppati e in via di sviluppo.

Dal grafico riportato a pagina 2, ripreso dalla pubblicazione dei sopracitati autori, si evince chiaramente che negli ultimi quarant'anni l'economia del Bel Paese abbia imboccato un sentiero di decrescita, per finire nell'ultima decade a essere il Paese con la crescita più bassa a livello internazionale.

Fermare il declino dell'economia italiana è possibile ma per rilanciare la domanda e quindi, per risollevare i redditi e l'occupazione già nel breve periodo, occorre che siano le istituzioni e in particolare quelle europee a prendere in mano le redini della situazione.

Qualsiasi intervento in materia potrebbe essere maggiormente efficace se si riuscisse a guardare in modo lungimirante, proponendo una visione alternativa a quella troppo legata ai problemi della quotidianità, nel rispetto dei vincoli di bilancio pubblico e dell'incapacità della classe dirigente di indicare un progetto di crescita sostenibile.

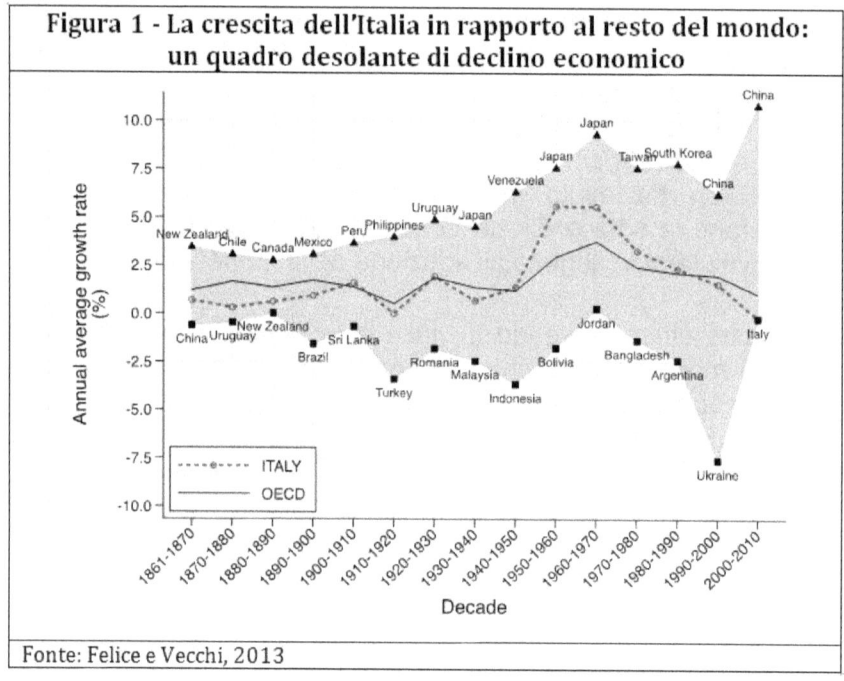

Figura 1 - La crescita dell'Italia in rapporto al resto del mondo: un quadro desolante di declino economico

Fonte: Felice e Vecchi, 2013

Questo saggio ha come obiettivo quello di rompere l'inerzia e l'immobilismo istituzionale, illustrando al lettore alcune delle più significative azioni di politica economica che la classe dirigente potrebbe articolare per porre fine alla peggior crisi della storia italiana dal secondo dopoguerra.

Stefano Fugazzi

Fondatore di ABC Economics

Prima Parte – Il quadro economico italiano

Estratto della nota mensile dell'Istat sull'andamento dell'economia italiana (aprile 2016)

In un contesto europeo caratterizzato da una crescita significativa del PIL nel primo trimetre (T1), l'economia italiana presenta segnali positivi associati al miglioramento della produzione industriale, al consolidamento dell'occupazione permanente, alla riduzione della disoccupazione e alla crescita del potere d'acquisto delle famiglie. Tuttavia l'evoluzione del clima di fiducia rimane incerta e l'indicatore composito anticipatore dell'economia italiana, segnala rischi di un rallentamento dell'attività economica nel breve periodo.

Il quadro internazionale

Mentre per l'economia cinese si profila la stabilizzazione dei ritmi di crescita (+6,7% la variazione tendenziale del PIL in T1), sostenuta dalle misure di stimolo agli investimenti, negli Stati Uniti continua la fase di decelerazione: la stima preliminare del PIL nel primo trimestre è risultata pari a +0,1% su base congiunturale (+0,5% e +0,3% rispettivamente nel terzo e nel quarto trimestre 2015). Questo risultato è legato alla perdita di dinamismo del reddito disponibile in termini reali (+0,3%) e dei consumi delle famiglie (+0,1%). Inoltre il rallentamento della domanda mondiale continua a penalizzare l'attività produttiva.

A marzo la produzione industriale è scesa (-0,6% la variazione congiunturale) e anche la capacità utilizzata si è ridotta (-0,5%).

L'indice del clima di fiducia dei consumatori, misurato dal *Conference Board,* ha comunque segnato ad aprile un lieve peggioramento dopo la risalita di marzo.

Nell'area euro la stima preliminare del PIL, rilasciata da Eurostat per la prima volta a 30 giorni dal trimestre di riferimento, ha mostrato per il primo trimestre 2016 una crescita superiore alle attese (+0,6%), in accelerazione rispetto al quarto trimestre 2015

(+0,3%). I dati disponibili per alcuni paesi, in particolare per la Francia, segnalano il rafforzamento della domanda interna in presenza di un contributo negativo della componente estera. La produzione industriale dell'area euro, sebbene in calo a febbraio (-0,8% su base congiunturale), ha registrato un rilevante incremento nel trimestre dicembre-febbraio rispetto al trimestre precedente (+0,6%). Proseguono i segnali positivi sul mercato del lavoro: a marzo il tasso di disoccupazione è sceso al 10,2%, il livello più basso da agosto 2011, pertanto l'inflazione rimane negativa (-0,2% in aprile) sostenendo il potere di acquisto delle famiglie. Tuttavia, dopo il peggioramento degli ultimi tre mesi, l'indicatore del clima di fiducia (Esi) ha registrato in aprile un miglioramento legato prevalentemente all'evoluzione positiva nel comparto dei servizi e delle costruzioni.

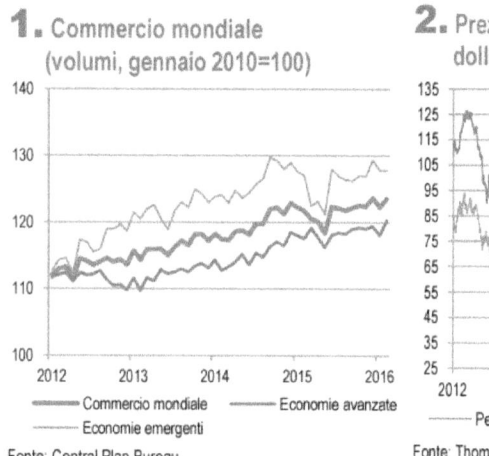

1. Commercio mondiale
(volumi, gennaio 2010=100)
Commercio mondiale — Economie avanzate
Economie emergenti
Fonte: Central Plan Bureau

2. Prezzo del petrolio e cambio dollaro/euro
Petrolio ($ per barile) — Cambio dollaro/euro (dx)
Fonte: Thomson Reuters

Secondo i dati del *Central Plan Bureau*, a febbraio gli scambi di beni in volume sono aumentati dell'1,1% rispetto a gennaio (Figura 1), sintesi di un incremento dei paesi avanzati (+1,9%) e di una stagnazione di quelli emergenti. Nella media del trimestre dicembre-febbraio la variazione rimane positiva (+0,6%), mentre cambio e petrolio continuano a risentire delle frequenti turbolenze sui mercati finanziari. Inoltre il tasso di cambio dell'euro con il dollaro in aprile ha continuato a registrare un apprezzamento

(+2,2% rispetto a marzo), mentre il prezzo del *Brent* si è attestato a fine aprile intorno ai 42,2 dollari a barile, segnando nella media del mese un incremento di oltre l'8,9% rispetto a marzo (Figura 2).

La congiuntura italiana

Imprese

L'indice della produzione industriale, escludendo il settore delle costruzioni, ha mostrato un andamento mensile altalenante, segnando un marcato aumento in gennaio (+1,7% rispetto al livello di fine 2015), seguito da un calo in febbraio (-0,6%, Figura 3). Nella media del trimestre dicembre-febbraio l'indice ha registrato un aumento rispetto al trimestre precedente (+0,3%).

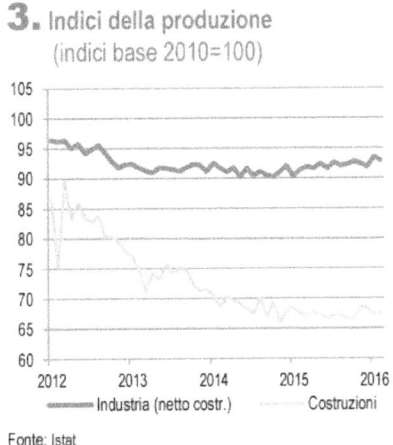

3. Indici della produzione
(indici base 2010=100)

Fonte: Istat

L'erraticità degli andamenti si riscontra anche nelle misure in valore del fatturato delle imprese industriali, aumentato nei primi due mesi dell'anno rispettivamente dello 0,9% e dello 0,1% su base congiunturale. La media degli ultimi tre mesi è risultata comunque negativa (-1%) con cali significativi nei comparti dell'energia (-10,4%) e dei beni strumentali (-1%). Indicazioni più favorevoli giungono dagli ordinativi dell'industria, cresciuti in febbraio su base congiunturale dello 0,7%, grazie alla spinta della componente interna (+1,6%).

Nel mese di febbraio si è registrato un recupero delle esportazioni (+2,5% in valore rispetto al mese precedente su dati destagionalizzati) dopo la diminuzione di gennaio (Figura 4). Nello specifico, l'incremento più sostenuto ha interessato i beni di consumo non durevoli (+3,6%) e i beni strumentali (+3,2%). Le importazioni invece, hanno segnato un lieve aumento (+0,6%), con una significativa crescita dei beni strumentali (+2,6%).

A testimonianza dell'incertezza sull'evoluzione dei mercati emergenti a marzo, il commercio estero extra UE ha segnato una battuta d'arresto, particolarmente marcata per le importazioni (-2%) rispetto alle esportazioni (-0,3%). In questo quadro la ripresa dei prezzi del petrolio ha influenzato l'andamento delle esportazioni e delle importazioni di beni energetici (rispettivamente +17,6% e +6,7% le variazioni congiunturali).

Nel settore delle costruzioni si rafforzano le indicazioni positive. Infatti, l'indicatore della produzione nel settore ha mostrato segnali di ripresa (+0,3% la variazione di febbraio rispetto a gennaio e +0,6% l'andamento congiunturale negli ultimi tre mesi). Ad aprile il clima di fiducia delle imprese di costruzioni è tornato a migliorare (Figura 5), mentre il mercato immobiliare ha registrato, nel quarto trimestre del 2015, un consolidamento dei segnali di ripresa delle compravendite (+9,1% la variazione tendenziale) che ha portato a una crescita in media d'anno del 5,2%.

4. Importazioni ed esportazioni dell'Italia verso i Paesi Ue ed extra Ue
(valori mensili destag., milioni di euro)
Fonte: Istat

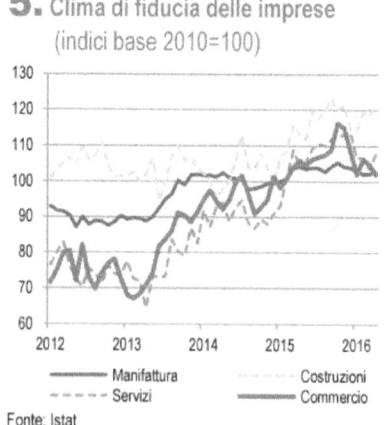

5. Clima di fiducia delle imprese
(indici base 2010=100)
Fonte: Istat

Famiglie e mercato del lavoro

A febbraio le vendite al dettaglio hanno registrato un incremento congiunturale dello 0,3% sia in valore che in volume. I prodotti alimentari sono stati la componente più dinamica (+0,8% in volume), mentre i beni non alimentari hanno mostrato un ritmo di crescita più moderato (+0,2%). Nel periodo dicembre-febbraio l'indice delle vendite ha comunque registrato una sostanziale stazionarietà (+0,1%, Figura 6). In particolare, un segnale positivo si è registrato nell'erogazione del credito alle famiglie: nel 2015 i mutui, finanziamenti ed altre obbligazioni con costituzione di ipoteca immobiliare stipulati con banche o soggetti diversi dalle banche risultano in marcata ripresa (+23,0% rispetto al 2014).

Ad aprile la fiducia dei consumatori ha registrato una lieve diminuzione, sintesi in realtà del miglioramento nella percezione della situazione attuale e prospettica delle singole famiglie e del peggioramento dei giudizi sul contesto economico generale.

Secondo i dati destagionalizzati della rilevazione mensile sulle forze di lavoro, dopo la flessione di febbraio a marzo l'occupazione è ancora in aumento (Figura 7). Nel primo trimestre dell'anno si è registrata complessivamente una sostanziale stabilità (+0,1%, pari a 17mila occupati in più rispetto all'ultimo trimestre dell'anno scorso). Continuano ad aumentare i dipendenti a carattere permanente (+0,5%, 72mila occupati in più), a fronte di una diminuzione di quelli a termine (-2,1%, -52mila unità). Sempre nel primo trimestre dell'anno la variazione congiunturale positiva dello *stock* di occupazione ha riguardato unicamente gli individui di 50 anni e oltre. Il tasso di disoccupazione ha ripreso a scendere a marzo (tre decimi di punto), attestandosi all'11,4%, il livello più basso da novembre 2012.

Ad aprile, le aspettative formulate dagli imprenditori sulle tendenze dell'occupazione per i successivi tre mesi hanno mostrato un complessivo miglioramento, in particolare nel settore manifatturiero e in quello delle costruzioni. In tal modo, gli incrementi delle retribuzioni contrattuali pro-capite rimangono contenuti, segnando a marzo una crescita tendenziale dello 0,8%, in linea con la variazione registrata a febbraio.

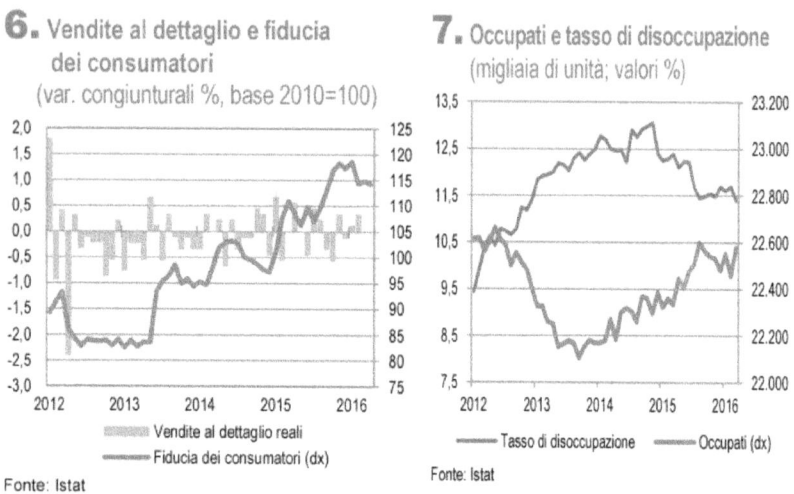

Fonte: Istat

Prezzi

Nel mese di aprile il sistema dei prezzi è stato caratterizzato da una accentuazione delle spinte deflattive. Secondo le stime preliminari, l'indice dei prezzi al consumo per l'intera collettività nazionale ha registrato per il terzo mese consecutivo una variazione annua negativa (-0,4%, il valore più basso dal gennaio dello scorso anno). La caduta tendenziale continua a risentire dell'evoluzione dei prezzi per le componenti più volatili. Si è accentuata, infatti, la riduzione annua per quelli energetici (-7,4%), anche per effetto dei ribassi della componente regolamentata decisi in occasione dell'adeguamento trimestrale; seppur con ritmi più moderati è proseguita la caduta tendenziale per gli alimentari non lavorati (-0,5%).

L'inflazione di fondo, riflettendo gli effetti ritardati e indiretti delle tendenze deflative esogene, continua a oscillare su valori storicamente molto bassi ed è risultata di nuovo in moderato rallentamento (+0,5% il tasso di crescita tendenziale).

L'evoluzione delle principali componenti ha mostrato una nuova decelerazione, più significativa nei servizi (+0,4% dal +0,7% di marzo) rispetto ai beni alimentari al netto degli energetici (+0,5% dallo 0,7% di marzo).

Negli ultimi mesi le pressioni al ribasso sui prezzi si sono diffuse a tutti gli stadi della loro formazione. Osservando i prezzi dei prodotti importati, la fase di riduzione dei prezzi già in atto per i beni energetici e intermedi si è estesa anche ai beni di consumo che, a febbraio, hanno registrato una variazione tendenziale negativa dello 0,6% (-0,8% per i non durevoli e +1,2% per i durevoli).

Anche sui prezzi alla produzione continuano ad agire spinte deflative: in particolare a marzo si è accentuata la flessione tendenziale per i prezzi dei beni di consumo venduti sul mercato interno (-0,8%).

Per i prossimi mesi la dinamica dei prezzi si prefigura estremamente debole, in linea con le attese di ribassi dei listini industriali.

Nei primi mesi dell'anno la dinamica dell'indice composto del clima di fiducia delle imprese italiane si mantiene altalenante. Ad aprile si è registrato un sensibile miglioramento della fiducia nei servizi di mercato e nelle costruzioni in cui si è accompagnato un aumento moderato nella manifattura; per contro il commercio al dettaglio ha segnato un ulteriore peggioramento dopo la flessione di marzo.

A febbraio l'indicatore composito anticipatore dell'economia italiana ha segnato una battuta d'arresto, suggerendo un rallentamento a breve termine del ritmo di crescita nell'attività economica.

Seconda Parte – Ridurre il debito pubblico per reperire risorse da destinare alla politica economica

Meno debito, più crescita, più Italia

È dall'estate del 2011, quella contraddistinta dalla ormai celeberrima lettera inviata dalla BCE all'allora governo Berlusconi, che seguo l'evolversi della crisi europea. Ancor prima della conversione al "no euro" da parte di alcuni economisti, tra i più tracotanti, che oggi spopolano in rete, ho avuto il coraggio di evidenziare i limiti e l'imperfetto funzionamento dei meccanismi che regolano e governano la moneta unica.

Non si può negare l'evidenza. Oggi l'Unione Europea, di cui l'eurozona rappresenta un "sottoinsieme", non è un sistema unico ed efficiente, pur facendo affidamento su una buona integrazione con il Mercato Unico e con gli scambi di beni, servizi e persone. L'UE presenta però, delle fortissime contraddizioni e differenze nei più svariati settori all'interno di diversi paesi. Malgrado una sicura gestione della moneta unica e l'indipendenza politica della BCE è necessario ancora percorrere tanta strada per completare il processo d'integrazione e di unificazione.

Nell'arco di cinque anni di lavoro, ho avuto modo non solo di esaminare la crisi economica in Grecia e dell'eurozona ma ho provato ad individuare anche delle soluzioni. Nel 2013, a pochi mesi di distanza dall'approvazione del *Fiscal Compact*, ho pubblicato **"Idee per l'Italia"**, un saggio nel quale ho presentato una panoramica delle principali proposte in materia di riduzione e di contenimento del debito pubblico italiano. Tale attività mi ha portato ad analizzare una serie di proposte volte a rilanciare l'economia italiana ed europea in un contesto di permanenza nella moneta unica.

Dura lex sed lex

Giunti a questo punto, il lettore "no euro" più intransigente potrebbe non concordare con le mie analisi. Mi affido tuttavia, alla lungimiranza di coloro i quali sono disposti al dialogo e alla ricerca di una soluzione condivisa che non vanifichi però decenni di cooperazione europea.

Se avessi prospettato un mondo ideale in cui poter mettere mano ai regolamenti e alle architetture che governano l'UE, avrei costruito e costruirei tutt'ora, un'Europa diversa, capace di unire e quindi massimizzare le sinergie e le tante risorse che la contraddistinguono.

Come ho già avuto modo di evidenziare, sarebbe troppo facile "rottamare" l'intera Europa e fare marcia indietro su tutti i fronti. Ritengo che un cambiamento a 360 gradi sia politicamente irrealizzabile, una mera utopia. Coloro che richiedono azioni drastiche e cambiamenti su larga scala, probabilmente ignorano quello che è l'iter burocratico europeo che, nel caso dell'approvazione dei trattati, richiede l'unanimità[1]. È difficile pertanto, pretendere un repentino cambiamento di rotta soprattutto ora che la fase di acuta crisi all'interno della zona euro sembrerebbe essere superata.

Occorre pertanto, entrare nell'ordine di idee affinché le leggi e i regolamenti europei, seppur troppo rigidi e talvolta irrealistici, debbano essere, in linea di massima, rispettati. *Dura lex sed lex.*

Il rapporto debito/PIL al 60%, da Maastricht a Reinhart e Rogoff

Nel 2010 due autorevoli economisti dell'Università di Harvard e del Maryland, Carmen Reinhart e Kenneth Rogoff, hanno pubblicato sulla prestigiosa *American Economic Review* uno studio intitolato

---

[1] Il Titolo IV del Trattato sull'Unione Europea stabilisce che "Il Consiglio europeo può adottare una decisione che modifica in tutto o in parte le disposizioni della parte terza del trattato sul funzionamento dell'Unione europea. *Il Consiglio europeo delibera all'unanimità previa consultazione del Parlamento europeo,* della Commissione e, in caso di modifiche istituzionali nel settore monetario, della Banca centrale europea. Tale decisione entra in vigore solo previa approvazione degli Stati membri conformemente alle rispettive norme costituzionali".

Growth in a time of debt, dimostrando come alti livelli di debito pubblico risultino negativamente correlati con la crescita economica e in modo particolare, quando il rapporto debito/PIL supera il 90%.

Sebbene Reinhart e Rogoff siano stati molto attenti nel ribadire che i loro risultati non dimostrino l'esistenza di un rapporto causa-effetto tra debito e crescita, molti commentatori e politici hanno voluto vedere nelle loro conclusioni un nesso causale, per poi utilizzare il presunto legame debito-crescita come un argomento a favore delle politiche di austerità.

La discussione sul rapporto tra debito e crescita nelle economie avanzate si è accesa in seguito alla pubblicazione di un articolo di Herndon, Ash, e Pollin che contesta alcune conclusioni di *Growth in a time of debt*. Secondo gli economisti dell'Università del Massachussetts (UMass), il lavoro di Reinhart e Rogoff sarebbe da invalidare perché viziato da un grossolano errore in Excel. Nel frattempo però, altri studi *(Hoogduin L., Oztturk B., Wierts P., 2011; Legrenzi G.D., Milas C., 2011 dimostrano che quando il rapporto debito pubblico/PIL supera l'85%, l'eccessivo stock di debito rallenta la crescita di almeno un punto percentuale)* hanno confermato l'esistenza di una soglia oltre la quale il rapporto debito/PIL inizia ad avere un impatto negativo sulla crescita, una nozione che può risultare plausibile anche per chi non ha dimestichezza con le ricerche in ambito accademico ed economico.

A destare clamore non è l'errore in Excel in sé ma il fatto che ad aver animato l'intero dibattito nella primavera del 2013, sia stata la sola convinzione di voler quantitativamente identificare la soglia target del rapporto debito/PIL, tralasciando una serie di altre valutazioni, anche qualitative, così importanti da poter poi influenzare le conclusioni di questi studi. Nessuno infatti, ha dato sufficiente importanza ad elementi, come la Storia e la struttura demografica di ciascuna nazione, l'unità monetaria adottata e l'appartenenza o meno ad un'area economica.

L'Europa stessa da Maastricht in poi ha commesso lo stesso errore stabilendo, anzi "inventando" un target, quello del rapporto debito/PIL pari al 60% che molto probabilmente verrà prima o poi ricalibrato dai *policy maker* del Vecchio Continente.

Ipotizzando in maniera positiva la concezione secondo cui un eccessivo *stock* di debito dreni risorse all'economia e rallenti la crescita, è importante controllare il rapporto debito/PIL, riducendolo quando inizia a diventare un fardello troppo pesante.

Difficile scendere al 60% ma occorre comunque ridurre il rapporto debito/PIL

In una mia analisi precedente, basata su dati risalenti al 2013, ho spiegato come anche predisponendo per ipotesi, la più importante azione di dismissione e privatizzazione di *asset* mobiliari e immobiliari pubblici al mondo, non si riuscirebbe a portare il rapporto debito/PIL sotto il 90%.

Il conseguimento di questo *target* è problematico per almeno due motivi. In primis perché si richiederebbe al denominatore cioè al PIL, di crescere in maniera robusta e costante, un fatto che non si verifica da diversi anni. In seconda istanza perché la riduzione del numeratore cioè dello *stock* di debito, richiederebbe azioni così drastiche che andrebbero a toccare gli equilibri e quindi anche gli interessi, politico-economici dei salotti della politica-finanza nostrana.

A prescindere da quelli che sono i parametri europei imposti dal *Fiscal Compact*, personalmente sono dell'avviso che sia prioritario prendere delle misure mirate al contenimento e alla riduzione del rapporto debito/PIL. Ero convinto di questa nozione tra il 2012 e il 2013 e lo sono ancora tutt'oggi.

Una parziale soluzione ai problemi che attanagliano la nostra economia, consiste nel liberare risorse da destinare in seguito al

Paese in varie modalità, anche sotto forma della **riduzione del cuneo fiscale** che grava su cittadini, aziende e lavoro.

Una vera spending review cioè la ridistribuzione delle risorse tra i centri di costo

Occorre, innanzitutto, fare in modo che una volta ridotto il debito non torni a crescere in maniera smodata. Siamo al corrente che il problema principale consista nello *stock* complessivo del conto per interessi più che nella spesa primaria. Sebbene la spesa primaria sia tutto sommato in linea con la media europea, ritengo che l'allocazione delle voci sia lungi dall'essere ottimale. E da qui la necessità di operare una *spending review* che riveda la distribuzione dei singoli costi più che portare una riduzione complessiva. L'obiettivo sarebbe quello di trasferire risorse, laddove richieste, reperendole dai centri di costi sovradimensionati e superflui.

Si potrebbe considerare l'esempio giapponese, affidando ad un'unità governativa il compito di rianalizzare i singoli centri di costo e conferendo ai cittadini la possibilità di contribuire in prima persona alla revisione dei costi, segnalando sprechi e inefficienze.

Occorre ridurre lo *stock* di debito e quindi, il rapporto debito/PIL attraverso una serie di dismissioni di *asset* mobiliari e immobiliari pubblici. Tralasciando azioni di larga scala di difficile attuazione, si potrebbe tuttavia, iniziare ad alleggerire il fardello dismettendo una parte dei beni pubblici disponibili e non strategici, magari attraverso l'emissione di obbligazioni *cum warrant* e valorizzando il patrimonio artistico attraverso un piano di concessioni e di *partnership* miste pubblico-privato.

La dismissione di *asset* non strategici e disponibili mediante l'emissione di obbligazioni *cum warrant*[2]

La proposta descritta di seguito, prevede il trasferimento di una parte del patrimonio immobiliare disponibile e non strategico a una società pubblica appositamente costituita. Il fondo si accollerebbe l'onere di emettere obbligazioni *cum warrant*, reperendo liquidità fresca da trasferire al Tesoro senza collocare immediatamente gli immobili sul mercato. Si userebbe pertanto, lo strumento delle obbligazioni *cum warrant* per conferire ai possessori la facoltà di acquistare i beni oggetto di dismissione a una data futura tra 5 o 10 anni in base alla tipologia di immobili da opzionare. Gli interessi da corrispondere su base annua equivarrebbero al più grande tra la variazione percentuale del costo ufficiale della vita e la metà della rivalutazione percentuale dei valori di mercato degli immobili. Ad esempio, se nell'anno 20XX l'inflazione si è attestata al 2,5%, mentre il valore medio degli immobili si è rivalutato del 6%, al titolare dell'obbligazione verrebbe corrisposto un interesse pari al 3% (6% x 0.5).

Un piano di concessioni sul patrimonio artistico italiano

L'Italia possiede il più grande patrimonio artistico e culturale al mondo con oltre 9mila tra monumenti, aree archeologiche, musei e siti UNESCO. Nonostante questa enorme ricchezza, il ritorno economico dei nostri beni culturali è di gran lunga inferiore a quello di Francia, Regno Unito e Stati Uniti. La società di consulenza *PwC* ha stimato che i siti UNESCO di questi Paesi generino un ritorno commerciale pari a 4, 7 e 16 volte quello italiano.

L'Articolo 9 della nostra Costituzione prevede la valorizzazione e la tutela di questo enorme tesoro *("La Repubblica promuove lo sviluppo della cultura e la ricerca scientifica e tecnica. Tutela il paesaggio e il patrimonio storico e artistico della Nazione")*.

---

[2] La proposta ricalca alcuni aspetti del piano "taglia debito" di Michele Fratianni, Antonio Maria Rinaldi e Paolo Savona.

Si potrebbe pertanto, prendere spunto da una proposta avanzata nel 2012 da Rainer Masera, ex ministro del Bilancio e Programmazione Economica del governo Dini, e Giuseppe Bivona, ex dirigente di Goldman Sachs e Morgan Stanley, nella quale si proponeva di riqualificare il patrimonio storico, artistico e culturale del Bel Paese, avviando un processo virtuoso che preveda l'introduzione dei titoli di proprietà *leasehold*.

La distinzione degli immobili demaniali fra *freehold* (il diritto sulla proprietà immobiliare pieno e assoluto) e *leasehold* (il diritto sulla proprietà immobiliare per un determinato numero di anni) consentirebbe allo Stato di realizzare interamente il valore finanziario corrispondente alla vendita tradizionale pur mantenendo i diritti di proprietà sugli immobili e le opere artistiche di valore storico.

L'introduzione dello strumento del *leasehold* non solo genererebbe un importante ritorno economico, ma darebbe nuovo slancio al turismo italiano, incoraggiando la preservazione di edifici e opere artistiche attraverso la realizzazione di poli museali privati e di percorsi turistici volti a valorizzare i patrimoni architettonici, geografici e culinari.

Evoluzione della spesa pubblica in Italia

Estratto de "La Spesa dello Stato Dall'Unità d'Italia – Anni 1862-2009", Ministero dell'Economia e delle Finanze – Dipartimento della Ragioneria Generale dello Stato (gennaio 2011).

La spesa pubblica, il suo livello e la sua composizione, racchiudono gli elementi essenziali delle scelte effettuate nella storia di una nazione. A 150 anni dall'Unità d'Italia, questa breve nota ripercorre l'evoluzione della spesa e mette in evidenza alcune sue caratteristiche, anche attraverso il confronto tra l'Italia e altri paesi.

Evoluzione spesa pubblica complessiva

A partire dal XX secolo la spesa pubblica è aumentata considerevolmente e in maniera generalizzata in tutti i paesi europei e extraeuropei economicamente egemoni, indipendentemente dalle differenze istituzionali e di contesto. La dinamica e la composizione della spesa in percentuale del PIL non sono state uniformi nel tempo. È comunque possibile individuare alcuni periodi caratterizzati da una maggiore regolarità del fenomeno:

- dal 1870 al 1913 il livello di spesa ha mediamente assunto valori al di sotto del 15 per cento del PIL (in particolare nel 1870 si osservano i valori del 13,7 per cento per l'Italia, il 10,4 per cento per la media dei paese europei e l'11,5 per cento per la media dei paesi extraeuropei; nel 1913 il 17,5 per cento per l'Italia e il 13,1 per cento per i paesi europei mentre il 10,8 per cento per i paesi extraeuropei);
- nel periodo tra le due guerre mondiali e della "grande depressione", che hanno stimolato politiche espansionistiche è significativo il peso della spesa pubblica sul PIL. Negli anni Venti furono introdotti i primi sistemi di sicurezza sociale e negli anni Trenta in alcuni Paesi – in risposta alla minaccia delle politiche belliche in Europa poi sfociate nella seconda guerra mondiale – si è assistito alla crescita della spesa militare. Nel 1937 la

spesa pubblica in percentuale al PIL era del 31,1 per cento per l'Italia, del 23,1 per cento per i paesi europei e il 22 per cento per i paesi extraeuropei;
- dal secondo dopoguerra fino agli anni Ottanta, periodo in cui il coinvolgimento crescente dello Stato nell'economia ha portato ad un incremento della spesa da destinare all'azione pubblica allocativa, redistributiva del reddito e di stabilizzazione ciclica, è stato rapido e significativo l'aumento della spesa. In questi anni i sistemi di welfare hanno contribuito all'incremento e rafforzato il nuovo ruolo dello Stato. Nel 1980 la spesa pubblica ha raggiunto in Italia il 40,6 per cento del PIL contro il 30,1 per cento del 1960; in media i paesi europei sono passati dal 29,5 per cento del 1960 al 46,8 per cento del 1980; i paesi extraeuropei sono passati dal 24,2 per cento del 1960 al 35,2 per cento del 1980;
- a partire dagli anni Novanta, vi sono stati significativi mutamenti istituzionali in molti paesi. A fronte della crescita della spesa pubblica, si sono diffuse pratiche volte a coinvolgere capitali privati nel finanziamento delle opere pubbliche, sono state create perciò *public authorities* e si è assistito a un decentramento della spesa verso i livelli di governo locale. La sostenibilità futura della spesa, sempre più trainata dai cambiamenti della struttura demografica, diventa un tema importante di dibattito. In molti paesi, sono state introdotte regole fiscali.

In media i paesi extraeuropei mostrano un rapporto spesa sul PIL inferiore a quelli europei, con l'Italia che assume, a seconda dei periodi, valori intermedi ai due gruppi oppure superiori a quelli europei.

Evoluzione della spesa direttamente legata alla produzione di servizi

La spesa direttamente legata alla produzione di servizi è cresciuta notevolmente nell'arco dell'ultimo secolo e mezzo in tutti i paesi analizzati, passando da meno del 10 per cento a circa il 22 per cento del PIL. L'incremento è generalmente guidato dall'aumento delle spese per il personale, che mediamente è raddoppiato tra la fine dell'800 e gli anni Trenta e tra gli anni Trenta e Sessanta. Nel primo periodo questo aumento si riflette direttamente sull'andamento dell'indicatore, mentre nel secondo è stato compensato parzialmente dalla diminuzione delle spese per l'acquisto di beni e servizi connessi alle attività belliche legate alle due guerre mondiali e alla ricostruzione. Dopo gli anni Sessanta la spesa direttamente legata alla produzione dei servizi sul PIL ha continuato a crescere, anche se con una dinamica assai più contenuta rispetto al periodo precedente.

Questa componente della spesa, rappresentava prima degli anni Sessanta, circa metà della spesa pubblica totale, diminuendo al 43 per cento degli Ottanta e stabilizzandosi su livelli appena superiori (circa 45-48 per cento) negli anni più recenti.

In Italia la spesa direttamente legata alla produzione di servizi in rapporto al PIL, si mostra inferiore a quella di altri paesi analoghi e negli ultimi anni si è assestata su valori pari a circa il 19 per cento del PIL.

Evoluzione della spesa per funzioni principali

Come già evidenziato, il livello di spesa pubblica sul PIL in Italia, non differisce di molto da quello della media degli altri paesi europei e tende ad assumere lo stesso andamento storico. Emergono tuttavia, dal punto di vista della composizione della spesa per funzione, alcune specificità.

Il confronto internazionale tra finalità a cui la spesa è diretta è facilitato, a partire dal 1990, dall'adozione di classificazioni armonizzate come la COFOG (*Classification of the functions of government*). Dall'analisi di queste statistiche si osserva come in Italia la spesa per la protezione sociale in rapporto al PIL è più elevata rispetto alla media degli altri paesi europei ed è caratterizzata da una componente più elevata relativa ai trattamenti pensionistici. Per quanto riguarda l'istruzione, si osserva invece, un rapporto più basso rispetto al PIL della spesa italiana.

È inoltre, da ricordare come il caso italiano sia caratterizzato da una spesa per interessi (contenuta nella funzione "amministrazione generale") pari a circa il doppio in termini percentuali rispetto alle principali economie europee, come conseguenza dell'elevato debito pubblico.

La quota di spesa riferibile allo Stato in Italia

La spesa dello Stato rappresenta la quota preponderante della spesa sostenuta dal settore delle amministrazioni pubbliche (AAPP). La serie storica più lunga al momento e disponibile dell'incidenza della spesa dello Stato, sulla spesa pubblica complessiva in Italia è fornita dall'Istat nell'ambito delle statistiche di finanza pubblica, elaborate secondo le definizioni e le metodologie di contabilità nazionale. Il bilancio dello Stato espone la spesa sostenuta dai Ministeri, finalizzata alla produzione di servizi destinati alla collettività, al sostegno degli altri settori dell'economia e al finanziamento di altre AAPP. Questi trasferimenti sono trasformati dalle amministrazioni pubbliche che li ricevono in altrettanti servizi ed erogazioni monetarie destinate alla collettività. La spesa dello Stato al netto dei trasferimenti alle altre AAPP rappresenta quanto direttamente percepito dalla collettività come intervento statale; i trasferimenti alle altre AAPP invece, rappresentano quanto della loro azione pubblica viene finanziata dallo Stato.

La spesa dello Stato al netto dei trasferimenti alle altre AAPP[3] ha rappresentato il 38,3 per cento della spesa pubblica complessiva nel 1980 (il 71,2 per cento al lordo dei trasferimenti) e quote cre-

---

[3] La percentuale di spesa dello Stato al lordo dei trasferimenti ad altre AAPP secondo i criteri della contabilità nazionale non è identica alla quota del bilancio dello Stato. Ne fornisce tuttavia una buona approssimazione (al netto del rimborso dei prestiti).

scenti fino al 1995, anno in cui ha raggiunto il 47,6 per cento (il 71,7 per cento al lordo dei trasferimenti); dal 1995 la quota è gradualmente diminuita fino al 30,5 per cento nel 2009 (il 57,4 per cento al lordo dei trasferimenti).

L'andamento conferma la tendenza, dalla metà degli anni Novanta, a un diffuso trasferimento di competenze da parte dello Stato alle altre AAPP per la produzione di servizi. A ciò si affianca una diversa capacità di finanziarsi da parte di queste ultime, le quali hanno sostituito i finanziamenti da parte dello Stato con fonti proprie. I trasferimenti dello Stato ad AAPP hanno rappresentato nel 1980 il 32,9 per cento della spesa pubblica complessiva, nel 1985 il 37 per cento, nel 1990 il 28,8 per cento, nel 1995 il 24,1 per cento, nel 2000 e nel 2005 il 23,5 per cento e nel 2009 il 26,9 per cento.

La spesa del bilancio per categoria economica

La composizione della spesa, secondo la natura economica ha subito notevoli cambiamenti nell'arco dell'ultimo secolo e mezzo. I dati sul peso relativo delle principali categorie segnalano:

- una riduzione del peso di spesa direttamente legata alla produzione di servizi, che è praticamente dimezzata dalla fine dell'Ottocento ad oggi, passando da valori attorno al 35-40 per cento fino agli anni Sessanta, a valori prossimi al 15 per cento nell'ultimo decennio;
- una sostanziale stabilità della quota relativa alla spesa per il personale (circa tra metà e due terzi della spesa direttamente legata alla produzione di servizi) fino alla metà degli anni Cinquanta. Emergono periodi in cui il peso della spesa per il personale è ben inferiore negli anni delle due guerre mondiali. Tale categoria assorbiva, invece, dall'80 al 90 per cento della spesa direttamente legata alla produzione di servizi negli anni più recenti;
- l'andamento piuttosto irregolare del peso della spesa in conto capitale, che rappresentava circa il 5 per cento del totale negli

anni subito successivi all'Unità d'Italia, ha visto periodi con punte superiori al 10 per cento tra il 1882 e il 1890, il 1905 e il 1915 e tra il 1924 e 1935, superiori al 20 per cento tra la metà degli anni Quaranta fino alla metà degli anni Sessanta, per assestarsi a circa l'8 per cento nella metà degli anni Novanta in poi;
- un considerevole aumento della quota di spesa per trasferimenti ad altre amministrazioni pubbliche, alle famiglie e alle imprese. Fino ai primi del Novecento era inferiore al 15 per cento della spesa complessiva, seguendo un andamento discontinuo fino al secondo dopoguerra, per poi crescere a livelli tra il 40 e 55 per cento fino all'inizio degli anni Novanta e infine, contrarsi su valori tra il 30 e il 40 per cento;
- la spesa per interessi rappresentava circa un terzo della spesa complessiva nei primi decenni dell'Unità d'Italia; valori compresi tra il 10 e il 20 per cento nel periodo dei conflitti mondiali; il 6 per cento circa, fino all'inizio degli anni Settanta. Da allora in poi, anche a causa di fenomeni inflazionistici che hanno determinato significative variazioni nei tassi d'interesse nominale, si è assistito a un incremento costante tale da assorbire circa un quarto della spesa totale nei primi anni Novanta, per poi diminuire ai valori attuali, intorno al 10 per cento;
- l'andamento discontinuo della quota di spesa sostenuta per il rimborso di prestiti, nei primi cento anni esaminati, in cui assume valori superiori al 20 o 30 per cento solo in alcuni anni specifici ma inizia a crescere stabilmente a partire dagli anni Ottanta fino a rappresentare oltre il 25 per cento della spesa negli anni più recenti.

Un'agenda di privatizzazioni

IBL Policy Paper (Istituto Bruno Leoni), 23 agosto 2011

La crisi italiana sembra essere giunta, nell'agosto 2011, a un punto di non ritorno. I tassi di interesse che i mercati chiedono al paese per acquistare i suoi titoli di debito sono incompatibili con qualunque sentiero di controllo della spesa, in assenza di provvedimenti severi e urgenti dal lato delle entrate o delle uscite.

Tale analisi intende suggerire una politica radicale di privatizzazioni per offrire al paese un doppio dividendo. Gli introiti delle privatizzazioni potrebbero e dovrebbero, essere impiegati per abbattere il debito, senza cadere nella tentazione di impiegarli nella spesa corrente. Le privatizzazioni, se effettuate nell'ambito di un coerente progetto di apertura del mercato e non si riducono al mero trasferimento di monopoli pubblici in mani private, costituiscono anche un importante strumento per innescare dinamiche competitive più virtuose. È pertanto necessario che, come più volte auspicato dal nostro Istituto (l'IBL ha spesso avanzato la proposta di procedere alla dismissione degli *asset* pubblici, e in particolare ne ha fatto uno degli elementi portanti del proprio "Manuale per le riforme" pubblicato alla vigilia delle elezioni politiche 2008), le dismissioni siano accompagnate da liberalizzazioni volte a consentire la nascita di un mercato competitivo.

In tal modo, le privatizzazioni possono contribuire alla crescita economica, oltre che a fornire una risposta ai timori di breve termine sulla solvibilità finanziaria dell'Italia, sia attraverso l'effetto pro-crescita della riduzione del debito, sia attraverso l'effetto pro-crescita di un rinnovato impulso alle liberalizzazioni.

Perché privatizzare

Stato ed enti locali possiedono importanti *asset* mobiliari e immobiliari. In entrambi i casi, al di là di una ristretto numero di enti o società strumentali e di edifici storici o funzionali al *core business* delle amministrazioni pubbliche, la maggior parte delle proprietà pubbliche può essere alienata senza che l'erogazione dei servizi pubblici o lo svolgimento delle funzioni pubbliche ne risentano. Occorre distinguere tra *asset* che possono essere ceduti immediatamente (o nel breve termine) e *asset* che richiedono un lavoro più impegnativo. In generale, il processo di privatizzazione degli immobili tende ad avere tempi più lunghi di quanto accade per le proprietà mobiliari.

Parlando di società di capitali, è necessario effettuare due ulteriori distinzioni. Anzitutto occorre distinguere tra società strutturalmente in utile e società strutturalmente in perdita (al netto dei sussidi). Queste non dovrebbero essere cedute, bensì messe in liquidazione, smembrandone e vendendone separatamente gli *asset*.

Una seconda distinzione riguarda le aziende che operano in condizioni monopolistiche, di quasi-monopolio o di favore legislativo e quelle che invece si trovano in un contesto sostanzialmente concorrenziale. Mentre queste possono essere cedute senza indugio, le prime possono richiedere forme di riorganizzazione o di riforma in maniera tale da liberalizzare il mercato, contestualmente all'uscita dello Stato (o degli enti locali) dagli assetti proprietari.

Tutto questo non risponde tuttavia, alla domanda fondamentale: al di là dell'impatto contabile sul debito e la spesa per interessi, perché bisogna privatizzare? Vi sono ragioni, per così dire, soggettive e ragioni oggettive. Le ragioni soggettive riguardano l'effetto delle privatizzazioni sulle aziende privatizzate; le ragioni oggettive hanno a che fare con le conseguenze della trasformazione di soggetti da pubblici a privati sull'organizzazione e il funzionamento del mercato. L'evidenza, ormai consolidata con le privatizzazioni degli anni Ottanta e Novanta, mostra al di là di ogni ragionevole dubbio che (a) le imprese privatizzate diventano più efficienti, (b) le privatizzazioni tendono a favorire lo sviluppo dei mercati finanziari e (c) le privatizzazioni tendono a essere associate con la modernizzazione delle strutture di governo societario anche al di là delle specifiche imprese cedute dallo Stato. I punti (b) e (c) sono particolarmente veri nei paesi più arretrati, categoria della quale senza dubbio l'Italia fa parte, almeno in relazione alla maggior parte delle nazioni industrializzate.

L'indagine dell'Organizzazione per la Cooperazione e lo Sviluppo Economico (OCSE) sulle privatizzazioni nei paesi membri è coerente con questi risultati. Affinché il processo di privatizzazione abbia successo, l'OCSE suggerisce dieci "lezioni" ricavate dall'esperienza:

1) Il supporto politico al massimo livello è imprescindibile

2) Identificare e articolare fin dall'inizio gli obiettivi politici

3) Garantire trasparenza e integrità al processo

4) Affidarsi anche a consulenti esterni e risorse dedicate

5) Risolvere le questioni di competizione e regolatorie prima della vendita

6) Garantire un'adeguata comunicazione per spiegare la politica e rispondere alle preoccupazioni degli stakeholder

7) Limitare le restrizioni alla proprietà straniera

8) Scaglionare le vendite può influenzare il successo del programma

9) La suddivisione delle vendite dovrebbe essere guidata da considerazioni commerciali

10) Gli strumenti di controllo post-privatizzazione dovrebbero essere usati con giudizio.

Tutte queste indicazioni sono rilevanti anche alla luce dell'esperienza italiana. Dato il momento attuale, risultano particolarmente critiche le lezioni numero 1), 3), 5), 6) e 7). Innanzitutto, il programma di privatizzazioni, sia relativo ad *asset* di proprietà dello Stato che gli enti locali, deve essere una priorità del governo e deve essere condiviso con l'opposizione.

Secondariamente, anche alla luce dei sospetti più o meno ingiusti relativi al precedente ciclo di privatizzazioni è importante che ogni passo si svolga alla luce del sole e che sia propriamente e interamente comunicato. Ciò è particolarmente importante anche alla luce del recente voto referendario sui servizi pubblici locali che ha scontato pavidità e opportunismo da parte delle forze politiche ma anche una percezione negativa e perlopiù ingiusta, delle esperienze passate. Portare a compimento i processi di liberalizzazione contestualmente alle privatizzazioni, serve non solo a massimizzarne gli effetti pro-crescita ma anche a ridurre l'opposizione alle privatizzazioni: ciò può richiedere interventi normativi o di riorganizzazione aziendale. Infine, limitare artificialmente l'afflusso di apporti di capitale non-italiani non ha alcun senso né rispetto all'obiettivo di "fare cassa" con le privatizzazioni, né rispetto a quello di impiegarle come politica pro-competitiva.

L'esperienza italiana

L'Italia ha privatizzato *asset* di enorme valore negli anni Novanta: nel periodo 1979-1999, con i 122 miliardi di dollari incassati, è seconda solo alla Gran Bretagna per l'entità del processo di privatizzazione affrontato. Le necessità di cassa e di riduzione del debito sono state probabilmente la causa primaria di questo piano di dismissioni, anche se pure la consapevolezza che l'apertura dei mercati fosse incompatibile col predominio di società pubbliche ha avuto e giocato un qualche ruolo. Nel 2007 Barucci e Pierobon hanno riscontrato anche per l'Italia, coerentemente alla letteratura internazionale, un recupero di efficienze e redditività delle imprese privatizzate, in particolare grazie alla crescita della produttività del lavoro. Le criticità maggiori, scrivono, "emergono rispetto all'efficacia dell'azione (politica) nella definizione di assetti proprietari stabili (come il caso Telecom insegna) e nella creazione di un complesso istituzionale adeguato in tema di regolamentazione, laddove lo Stato spesso si trova in conflitto di interessi come azionista di riferimento di numerose *public utilities* e al contempo, in quanto regolatore, arbitro della profittabilità delle stesse".

Questa valutazione consente di declinare quale sia lo spazio per effettuare nuove privatizzazioni: oltre all'uscita dello Stato dai settori in cui è rimasto pesantemente coinvolto, resta da completare un processo che si è avviato parallelamente rispetto a quello di liberalizzazione ma che poi se ne è disaccoppiato, mentre l'apertura dell'economia procedeva, se non altro sotto la spinta delle direttive comunitarie. In particolare, il grande limite delle privatizzazioni italiane è stato quello di procedere solo in rari casi alla cessione totale delle aziende controllate: più spesso, esse sono state quotate in borsa con l'alienazione di un numero di quote tale da garantire il permanere di un diritto di controllo in capo all'azionista pubblico.

Riaprire il libro delle privatizzazioni richiede un salto di qualità rispetto al passato: implica infatti il coinvolgimento di soggetti diversi dallo Stato (cioè gli enti locali) e una più precisa mappatura degli *asset* pubblici, incluso lo sviluppo di tecniche di vendita e valorizzazione più sofisticate che in passato.

Cosa privatizzare: le imprese pubbliche

Assodata la necessità e l'utilità delle politiche di privatizzazioni è utile prendere in considerazione gli *asset* di proprietà pubblica, in particolare quelli di proprietà del Tesoro e valutare se e a quali condizioni essi possano essere ceduti e con quale getto.

Barucci e Pierobon contano 26 società controllate dal Tesoro, con un totale di 500mila dipendenti e ricavi nell'ordine di 250 miliardi di euro. Tra il 1997 e il 2007 il volume dei ricavi è quasi raddoppiato, mentre il processo di riduzione degli organici sembra essersi interrotto nel 2006. Molte di queste imprese però, pur essendo formalmente società per azioni, sono nei fatti enti strumentali del governo, preposti a svolgere funzioni di regolazione o altre funzioni propriamente pubbliche.

Essi possono essere riorganizzati, in alcuni casi aboliti e razionalizzati, ma certo non si prestano alla privatizzazione: esempi di questi "enti" sono l'ENAV, il GSE, Alitalia Servizi (la *bad company* risultante dal salvataggio di Alitalia), il CNR, la CONSIP, l'ENAC. L'ANAS rappresenta un caso a parte perché, pur svolgendo una funzione di regolatore è anche titolare di concessioni autostradali che potrebbero essere cedute. ANAS non viene tuttavia inclusa in questa valutazione.

In alcuni casi sono necessarie riforme o riorganizzazioni aziendali. L'ENI, per esempio, mantiene la sua struttura verticalmente integrata, che di per sé rappresenta un ostacolo al buon funzionamento del mercato. Prima della privatizzazione, l'azienda andrebbe smembrata, con l'uscita di SNAM Rete Gas (che controlla il trasporto nazionale del gas, gli stoccaggi e il maggiore soggetto attivo nella distribuzione locale) dal suo perimetro aziendale. Potrebbe essere ragionevole anche scorporare la *utility* dalla *oil company* che oggi convive all'interno dello stesso soggetto: secondo un fondo azionista, tale razionalizzazione potrebbe far emergere un "valore nascosto" pari a 50 miliardi di euro di capitalizzazione. Tuttavia, allo scopo di mantenere conservativa la stima, tale "tesoretto" non verrà incluso.

Per Ferrovie dello Stato vale un discorso analogo: l'attuale struttura verticalmente integrata è incompatibile con la concorrenza. Rete Ferroviaria Italiana andrebbe pertanto separata da Trenitalia. Andrebbero riformate anche le norme che blindano nei fatti il monopolio dell'*incumbent* e in particolare la facoltà di impedire fermate intermedie ai concorrenti nazionali nel caso in cui questo possa "compromettere l'equilibrio di bilancio" del monopolista. Considerazioni non diverse si applicano a Poste Italiane, la cui privatizzazione richiederebbe sia una riorganizzazione interna (con almeno lo scorporo di Bancoposta) sia riforme normative.

Cosa privatizzare: il patrimonio immobiliare

Oltre a una molteplicità di imprese, Stato ed enti locali posseggono pure un ingente patrimonio immobiliare. La valutazione del suo valore aggregato è estremamente volatile perché dipende dalle assunzioni che vengono fatte sugli effetti che il rilascio più o meno contestuale di una tale massa di immobili avrebbe sul mercato, il reale stato di conservazione degli edifici, gli strumenti adottati per l'alienazione, eccetera.

Uno studio pubblicato dall'Istituto Bruno Leoni e dalla Fondazione Magna Carta, valuta il valore complessivo in circa 400 miliardi di euro. La parte più importante del patrimonio pubblico è in mano alle amministrazioni territoriali, le quali potrebbero essere indotte a cederne una quota consistente a copertura del proprio debito e dunque a garanzia indiretta di quello dello Stato.

I beni degli enti territoriali dovrebbero essere impiegati allo scopo di estinguere i debiti di questi ultimi verso la Cassa Depositi e Prestiti, in modo da risanare le finanze pubbliche locali. In particolare potrebbe essere rapidamente venduta la quota di immobili libera, stimabile tra il 3 e il 5 per cento del totale, per un valore di mercato tra i 20 e i 40 miliardi di euro e quella parte dell'edilizia residenziale pubblica che ha perso la sua finalità originale, stimabile nel 60 per cento del totale per un valore di mercato di circa 30 miliardi di euro.

In tutto, quindi, realisticamente si potrebbe ottenere dalla cessione del patrimonio immobiliare ai vari livelli un totale di circa 100 miliardi di euro.

Terza Parte – Trasformare l'eurozona in un'area valutaria (più) ottimale

I dati riportati nel documento redatto dall'Istat evidenziano la presenza di alcuni timidi segnali di ripresa. È evidente che per evitare false partenze e per rimettere in carreggiata l'economia italiana e quindi ristabilire i valori pre-crisi, sia necessario invertire la *forma mentis* e riscrivere i **paradigmi economici e politici sovranazionali**.

Considerando che oggi gran parte degli equilibri vengono in prima istanza concepiti a livello comunitario, **sarebbe opportuno correggere quegli stessi meccanismi che fino a questo momento hanno impedito all'eurozona di trasformarsi in un coagulo politico-economico-monetario più funzionale e soprattutto a servizio della cittadinanza e delle imprese**. Solo in questo modo sarebbe davvero possibile permettere ai *policy maker* nazionali di portare avanti riforme e politiche in grado di salvaguardare le realtà domestiche e quindi favorire lo sviluppo sostenibile dell'Europa.

Il recupero competitivo dell'eurozona deve essere conseguito risolvendo una serie di anomalie e deficienze politico-istituzionali originatesi a cavallo tra gli anni Ottanta e Novanta del secolo scorso, in particolar modo con la ratifica nel 1992 del **Trattato di Maastricht**. In quegli anni, le autorità comunitarie optarono per un'integrazione più graduale e parziale dell'area economica, preferendo la cosiddetta **teoria della locomotiva**, secondo cui la moneta unica avrebbe trainato l'unione politica, alla **teoria del coronamento** per la quale l'euro avrebbe dovuto essere l'ultimo tassello del *puzzle* europeo. Il sopraggiungere della prima vera crisi finanziaria, ossia quella attualmente in atto, ha evidenziato i limiti e il fallimento della "teoria della locomotiva".

La risoluzione dei problemi economici e istituzionali del Vecchio Continente non può essere ricercata esclusivamente attraverso la realizzazione di un soggetto politico europeo. Sarebbe un controsenso affidare agli stessi artefici della divisa unica il compito di portare a compimento il cosiddetto "Progetto Europa" senza prima aver corretto codeste anomalie, cioè gli assetti comunitari riguardanti l'unione monetaria.

Un mercato comune a cambio fisso, come per esempio l'eurozona, può assorbire i cosiddetti **shock asimmetrici** (cioè le congiunture economiche temporanee favorevoli per alcuni settori/Paesi ma sfavorevoli per altri), realizzando al suo interno un processo di osmosi economica che permetta agli Stati membri di riequilibrare in tempo reale le curve di domanda e offerta aggregata, agendo sui prezzi e sui salari oppure trasferendo da un Paese all'altro i fattori produttivi. Risulta pertanto difficile credere che, anche a fronte di "più Europa", le istituzioni comunitarie riescano nell'intento di affinare tali meccanismi all'interno di sistemi economici che, per motivi storici, continueranno a differire profondamente tra di loro.

Se da una parte la creazione degli Stati Uniti d'Europa potrebbe colmare una lacuna storica, dall'altra potrebbe non risolvere affatto le problematiche socio-economiche dell'eurozona. Da qui nasce l'esigenza di rivedere i meccanismi prima di avviarsi verso una maggiore coesione politica ed economica dell'area.

Per comprendere il motivo per cui l'unione monetaria sia destinata a fallire nella sua configurazione attuale, è necessario illustrare per sommi capi la **teoria delle aree valutarie ottimali**. Elaborata dall'economista canadese Robert Mundell nel 1961 e basata sul lavoro di James Meade e Milton Friedman, tale teoria mette a confronto i regimi a cambio fisso (area o unione valutaria tra due o più stati) con quelli a cambio variabile (oscillazione libera dei tassi di cambio).

Come dovrebbe funzionare un'area valutaria ottimale

Quando due o più soggetti a moneta sovrana creano un mercato comune, può accadere che i consumatori modifichino le preferenze, passando dai prodotti di un paese (Paese A) a quelli di un altro membro dell'area economica (Paese B). Questo cambiamento determina uno spostamento nelle curve di domanda e offerta aggregata creando una serie di scompensi, ovvero *shock* asimmetrici. Nel Paese A, a fronte della riduzione della domanda per prodotti e servizi interni, avverrà una contrazione dei prezzi al consumo e dell'occupazione, mentre il Paese B vivrà una fase d'espansione economica caratterizzata da un aumento della domanda industriale e occupazionale.

Per riequilibrare le curve di domanda e offerta aggregata, il Paese A deprezzerà la propria valuta nei confronti del Paese B per evitare l'aumento della disoccupazione e un deterioramento della bilancia commerciale.

In un regime a cambio fisso il riallineamento dei prezzi relativi, necessario per riportare le due economie in equilibrio, dovrà invece avvenire attraverso le variazioni dei prezzi e dei salari relativi, oppure attraverso lo spostamento da un paese all'altro di fattori produttivi.

Sarà necessario attuare una ridistribuzione dei redditi dal Paese B, il cui *output* è aumentato, al Paese A, il cui *output* è diminuito, per portare a compimento questo processo di osmosi economica, attutire i derivanti *shock* asimmetrici e, allo stesso tempo, mantenere intatti gli assetti economico-monetari dell'area economica.

L'esperienza storica è il principale ostacolo alla realizzazione di aree valutarie ottimali

Nel corso dell'ultimo biennio il Governatore della BCE Mario Draghi e le figure più prominenti della Commissione UE hanno ribadito il concetto dell'irreversibilità dell'euro e dell'insolubilità dell'Unione Europea. La Storia del Vecchio Continente è costellata di falliti tentativi di unioni politiche e monetarie.

La Storia ci insegna che gli Stati tendono a tessere alleanze commerciali e politiche non per questioni filantropiche bensì per convenienza. Quando i costi economici e monetari iniziano ad essere superiori ai potenziali benefici, tali unioni vengono solitamente rescisse consensualmente o con l'aiuto della forza.

Il raggiungimento dello stato di equilibrio tra domanda e offerta aggregata all'interno di un'area monetaria presuppone pertanto, la presenza di meccanismi in grado di regolare le dinamiche economiche e politiche tra gli Stati Membri. Sebbene i trattati comunitari e in particolar modo il Trattato di Maastricht del 1992, abbiano gettato le basi per la creazione di un mercato comune, la sua attuazione è ancora incompleta.

Un piano per rilanciare l'economia dell'eurozona

Presupponendo che gli Stati Membri intendano continuare a coltivare il sogno monetario europeo, occorre chiedersi quali siano le **azioni di politica economica e monetaria necessarie per riavviare la crescita** e cosa possa essere fatto **per porre fine a quello che il giornalista Paolo Barnard ha ribattezzato come un "economicidio" senza dover necessariamente mettere a soqquadro la Babilonia europea.**

L'autore di questo saggio nel maggio del 2012 pubblicò sul portale "Investire Oggi" un breve vademecum per la crescita, intitolato **"Un piano in cinque mosse per rilanciare l'economia dell'eurozona"** e contenente una serie di proposte volte a fornire a tutti gli attori protagonisti del progetto monetario europeo gli strumenti per traghettare il Vecchio Continente fuori dalla crisi.

Tra le politiche economiche indicate nel documento, figuravano il temporaneo allentamento dei requisiti patrimoniali delle banche ma anche l'allestimento di una operazione di rifinanziamento a favore delle piccole e medie imprese (PMI). Era prevista anche l'introduzione a livello comunitario di una versione europea del «Buy American Act» assieme al varo di incentivi per contrastare la delocalizzazione nonché lo sblocco dei pagamenti pregressi delle pubbliche amministrazioni degli Stati Membri. L'autore proponeva quanto segue.

Azione 1 – Un LTRO «salva banche» e la temporanea ponderazione allo 0% delle esposizioni sovrane

Se dovessero uno o più membri dell'eurozona abbandonare la moneta unica e/o ricorrere al taglio del valore nominale delle emissioni sovrane, i principali istituti di credito riporterebbero a bilancio ingenti perdite. Le perdite risultanti indebolirebbero il patrimonio di vigilanza e, di conseguenza, i coefficienti di adeguatezza patrimoniale. Al fine di irrobustire tali parametri, calcolati rapportando il patrimonio di base e il patrimonio totale di vigilanza alle attività ponderate per il rischio, sarebbe opportuno agire sia sul numeratore (rafforzando il patrimonio di primo e di secondo livello) che sul denominatore (riducendo l'attivo ponderato).

Il rafforzamento dei coefficienti patrimoniali, tenendo in considerazione anche le norme contenute nel Regolamento UE n.575/2013 (meglio noto come "Basilea 3"), può essere conseguito attraverso una serie di aumenti di capitale, ossia collocando sul mercato nuovi titoli azionari e di debito. Si tratta tuttavia, di una strategia che presenta una gamma di costi economici (si pensi ai costi di emissione di azioni e bond) e finanziari (diluizione del *price earning*). La BCE potrebbe ovviare a queste problematiche allestendo una nuova operazione di rifinanziamento a lungo termine (LTRO) per fornire a questi istituti le risorse necessarie per mitigare le perdite e, in ultima analisi, irrobustire il capitale di vigilanza.

L'innalzamento dei coefficienti patrimoniali può anche essere conseguito diminuendo il valore delle attività ponderate per il rischio. Considerato il clima economico corrente è improbabile che gli istituti di credito optino per la dismissione delle attività più rischiose e meno redditizie. Si stima infatti, che solamente il 4%

delle attività più rischiose e *non performing* saranno dismesse nel corso dei prossimi quattro anni.

Una soluzione più percorribile sarebbe quella di conseguire una riduzione del valore delle attività ponderate per il rischio applicando a tutte le esposizioni sovrane dell'area OCSE un coefficiente di ponderazione pari allo 0% (si tratterebbe di ricalcare a grandi linee alcuni aspetti del «*Dodd-Frank Act*» statunitense – si faccia riferimento all'approfondimento riportato di seguito). Una temporanea reintroduzione dei parametri di Basilea 1 consentirebbe alle banche maggiormente esposte in bond sovrani dell'area sudeuropea, di ridurre sensibilmente gli accantonamenti a fronte del rischio di credito e al tempo stesso, irrobustire i coefficienti di adeguatezza patrimoniale (*total capital ratio* e *tier 1 capital ratio*).

Approfondimento – Un «Dodd-Frank Act» europeo per disarmare le agenzie di rating

Nell'estate 2012 sulle pagine di Investire Oggi ho pubblicato una serie di proposte aventi come obiettivo ultimo quello di spezzare il cosiddetto "circolo vizioso", tramite ad esempio l'adozione a livello europeo di misure non dissimili da quelle descritte nella Sezione 939A del «Dodd-Frank Act».

INVESTIRE OGGI (15/07/2012) – Dal summit dell'Eurogruppo di fine giugno (2012, nda) è emersa la necessità di istituire un organismo comunitario di vigilanza bancaria. L'obiettivo di tali predisposizioni è introdurre regole più forti e coese in materia di monitoraggio del credito e di protezione dei depositi, misure che i vertici di Bruxelles ritengono necessarie per spezzare il cosiddetto «circolo vizioso tra debiti sovrani e bilanci bancari». Secondo gli esponenti dell'Eurogruppo, il nuovo organismo di vigilanza bancaria dovrebbe fare la propria comparsa nel 2013 in concomitanza con l'introduzione dei nuovi requisiti prudenziali imposti da Basilea 3. All'autorità bancaria europea (EBA) sarà conferito il compito di monitorare il sistema creditizio comunitario.

Nonostante l'istituzione di un'autorità bancaria europea sia stata sbandierata ai quattro venti come una novità assoluta per l'Europa, molte delle predisposizioni concordate a Bruxelles nel giugno 2012 erano già in via di attuazione. L'idea di uniformare il settore bancario europeo risale al 2003 con l'istituzione del comitato bancario europeo (direttiva 2004/10/CE). A questa direttiva ne sono seguite altre (direttive 2009/27/EC, 2009/83/EC e 2009/111/EC, regolamento 2010/76/EU) con l'intento di creare un «single rulebook» e quindi armonizzare gli obblighi informativi contabili (FINREP) e prudenziali (COREP).

Può sembrare un paradosso ma sono stati i medesimi enti regolatori europei ad aver innescato il cosiddetto «circolo vizioso tra debiti sovrani e bilanci bancari». Tutto ha avuto inizio nel 2008 quando è entrato in vigore il nuovo accordo sui requisiti minimi di capitale, meglio noto come Basilea 2. Una delle principali novità di Basilea 2 è rappresentata dall'impiego dei giudizi di rating di agenzia per stabilire la rischiosità degli investimenti finanziari. Gli enti segnalanti che adottano le metodologie standard di Basilea 2, infatti, calcolano i requisiti patrimoniali a fronte del rischio di credito avvalendosi dei giudizi di rating delle agenzie (Standard & Poor's, Moody's, Fitch Ratings etc.).

Tali parametri di giudizio vengono impiegati non solo per valutare le controparti bancarie e corporate, ma anche i soggetti emittenti sovrani. Fino al 2007, ovvero quando gli istituti soggetti a supervisione bancaria applicavano gli standard di Basilea 1, tutte le esposizioni verso i soggetti sovrani dell'area OCSE venivano ponderate allo 0%. Con l'avvento di Basilea 2, le autorità di vigilanza hanno ritenuto necessario introdurre anche per i soggetti sovrani una correlazione tra merito creditizio e rischio di credito. Ne segue che al decrescere del merito creditizio assegnato a una controparte sovrana, cresce il coefficiente di ponderazione applicato per riflettere la maggiore rischiosità di un'esposizione.

Tale metodologia non è tuttavia, uniformemente applicata a livello internazionale. Negli Stati Uniti, la patria delle «tre sorelle del *rating*» nessuna banca adotta alla lettera le predisposizioni di Basilea 2. Questo perché la Sezione 939A del «*Dodd-Frank Wall Street Reform and Consumer Protection Act 2010*» *(meglio noto come* «*Dodd-Frank Act*»*) richiede alle autorità federali di vigilanza di rimuovere ogni riferimento ai rating del credito, mentre le regole di Basilea 2 e Basilea 3 utilizzano i rating esterni per calcolare le ponderazioni di alcuni tipi di asset.*

Per quanto riguarda la valutazione delle esposizioni sovrane ai fini del rischio di credito, negli Stati Uniti si ricorre alla classificazione CRC (Country Risk Classification) dell'OCSE. Come si evince dalle classificazioni dell'OCSE, i Paesi emittenti dell'eurozona (includendo Grecia, Italia, Portogallo e Spagna) rientrano nelle esposizioni di «*prima fascia*» *e pertanto a questi viene applicato un coefficiente di ponderazione pari allo 0%.*

Di fatto la Sezione 939A del Dodd-Frank Act mette al riparo le emissioni sovrane dagli eventuali comportamenti opportunistici delle agenzie di rating, alleggerendo i requisiti patrimoniali degli istituti finanziari che hanno nei propri portafogli, per esempio, i buoni del tesoro dei Paesi periferici dell'eurozona.

Azione 2 – Un LTRO a favore delle PMI per rilanciare l'economia reale

In seguito all'introduzione di una deroga temporanea alla ponderazione delle esposizioni sovrane e successivamente al varo di una nuova operazione LTRO «salva banche» (si faccia riferimento all'Azione 1, nda), la BCE potrebbe allestire una campagna di rifinanziamento a lungo termine «ad hoc» per sostenere l'economia reale. In teoria spetterebbe alla Banca europea per gli investimenti (BEI), il compito di sostenere le piccole e medie imprese (PMI). Non è un mistero che nel biennio 2010-11 la BEI abbia usato gran parte delle proprie risorse per acquistare sul mercato secondario i titoli sovrani italiani (1.385 miliardi nel 2010 e 2.547 miliardi nel 2011) e spagnoli (984 miliardi nel 2010 e ben 2.905 miliardi nel 2011). Spetta dunque alla BCE il compito di fare le veci della BEI e rompere il salvadanaio delle banche comunitarie. La BCE potrebbe pertanto prestare liquidità agli istituti di credito dell'eurozona ponendo una condizione vincolante: ogni euro ricevuto da Francoforte attraverso l'LTRO «salva economia reale» deve essere impiegato per aprire linee di credito a lungo termine (a 5 e a 10 anni) a favore delle piccole e medie imprese (PMI) a tassi d'interesse prossimi al tasso BCE.

Azione 3 – Un «Buy European Act» per tutelare «Made in Europe»

Nel 1933, all'apice della Grande Depressione, il Congresso statunitense emanò il *«Buy American Act»* allo scopo di proteggere le imprese manifatturiere nazionali e limitare l'acquisto di prodotti finiti stranieri per commesse pubbliche all'interno del territorio nazionale.

Un prodotto è dichiarato un prodotto interno finito, nei casi in cui il costo delle parti estratte, prodotte o realizzate negli Stati Uniti, sia superiore al 50% del costo totale, altrimenti il prodotto viene considerato un prodotto finito straniero. Un prodotto finito straniero può essere, tuttavia, acquistato qualora non si ritenga ragionevole il prezzo minimo di un prodotto nazionale.

Tale norma, tuttora in vigore negli Stati Uniti, potrebbe essere introdotta in Europa al fine di tutelare la produzione industriale del Vecchio Continente, disincentivando l'importazione di prodotti finiti dai Paesi extracomunitari e di conseguenza, limitando le azioni di *dumping* commerciale dei Paesi emergenti.

Azione 4 – Incentivi per contrastare la delocalizzazione

Sempre più aziende delocalizzano le proprie attività produttive fuori dall'Europa alla ricerca di minori costi di produzione. Per invertire il *trend* e tutelare l'occupazione locale, i governi nazionali e le istituzioni europee competenti devono incentivare la produzione domestica offrendo sostegni fiscali (riduzione delle aliquote fiscali e concessioni sulle accise energetiche).

Tali sostegni devono essere elargiti alle sole aziende che hanno la sede legale della capogruppo nel Paese d'origine (e non presso i paradisi fiscali) e a fronte dell'impegno vincolante di non trasferire le proprie attività fuori dal territorio nazionale per i prossimi 25 anni.

Azione 5 – Sbloccare con effetto immediato i pagamenti pregressi delle pubbliche amministrazioni

Le pubbliche amministrazioni dei 27 membri dell'Unione Europea devono a imprese fornitrici circa 180 miliardi di euro (dati aggiornati al primo trimestre 2012, nda). Di questa cifra, quasi la metà è dovuta dallo Stato italiano o dalle sue amministrazioni. Non sorprende quindi che nell'estate 2012 l'Unione Europea abbia emanato una direttiva comunitaria sui ritardi nei pagamenti della pubblica amministrazione nelle transazioni commerciali. La direttiva europea, in vigore dal marzo 2013, impone l'obbligo per tutti gli enti pubblici di pagare i fornitori entro 30 giorni, salvo limitate eccezioni entro i 60.

Quarta Parte – Salvare il sistema economico italiano con lo sblocco dei debiti della pubblica amministrazione e l'oro di Bankitalia

I debiti della pubblica amministrazione

La quinta proposta de "Un piano in cinque mosse per rilanciare l'economia dell'eurozona" suggeriva lo sblocco dei debiti pregressi della pubblica amministrazione nei confronti delle imprese, un provvedimento che se attuato nella sua totalità potrebbe fornire al sistema economico italiano una prima ed importante àncora di salvataggio.

Nell'estate del 2013 con l'approvazione di un **emendamento** del Partito Democratico al "**Decreto Lavoro**", si è dato il via libera allo stanziamento di una tranche da 20-25 miliardi di euro da accreditare a favore di cittadini e aziende private, con l'intenzione di mettere in circolo all'economia reale altri 40 miliardi entro la fine del 2014.

L'emendamento inserito nel Decreto Lavoro prevedeva la possibilità da parte dei privati di cedere il credito certificato e assistito dalla garanzia dello Stato a una banca o a un intermediario, compresa la **Cassa Depositi e Prestiti (CDP)**. Le singole amministrazioni debitrici potevano anche richiedere la ristrutturazione del debito, accedendo a un piano di ammortamento di durata quinquennale.

La proposta Bassanini-Messori

La norma di fatto ricalcava quasi interamente la proposta avanzata qualche mese prima (maggio 2013) da Franco Bassanini e Marcello Messori[4]. Gli economisti del centro studi della Fondazione **Astrid** erano dell'avviso che sarebbe spettato allo Stato garantire i crediti delle amministrazioni al fine di favorirne l'acquisto da parte delle banche.

---

[4] "Il pagamento dei debiti commerciali delle PP.AA.", URL:http://www.astrid-online.it/rassegna/24-04-2013/Agg_Pagamenti-dei-debiti-commerciali-da-parte-delle-PPAA.pdf

Monorchio-Salerno Aletta: pagare i debiti in titoli ventennali

La "Bassanini-Messori" non è stata che l'ultima di una lunga serie di proposte volte a risolvere lo scoglio dei debiti dello Stato nei confronti delle imprese italiane. Tra le tante, vale la pena ricordare quella avanzata nel 2011 dall'ex ragioniere generale dello Stato, **Andrea Monorchio**, e dall'ex vice-segretario generale di Palazzo Chigi, **Guido Salerno Aletta**. Secondo questi, si sarebbe potuto provvedere al pagamento dei debiti della pubblica amministrazione emettendo una serie speciale di Titoli di Stato con un tasso dell'1,5% e conferendo ai beneficiari la facoltà di cederli alle banche impiegando i bond come collaterale per rifinanziarsi presso la Banca Centrale Europea.

Secondo alcuni osservatori lo sbloccamento di almeno 40-50 miliardi di debiti pregressi della pubblica amministrazione potrebbe contribuire a far rifiatare il nostro tessuto economico ormai lacerato dalla crisi. Occorre considerare che i mercati hanno già scontato la presenza di questi debiti. «*Le agenzie di* rating» come ha annotato nel luglio 2013 il segretario della Confederazione Nazionale dell'Artigianato (CNA), Sergio Silvestrini «*più che il nostro debito hanno nel mirino la mancata crescita. E 40-50 miliardi potrebbero far ripartire gli investimenti, l'occupazione e la crescita*».

Ma se allora le agenzie di rating hanno già scontato la presenza di questi debiti, a che cosa si deve la scelta del governo di dilazionarne il pagamento nel corso del tempo?

«*Se lo Stato pagasse in un colpo solo i 100 e passa miliardi di debiti verso il sistema delle imprese, il rapporto debito pubblico/PIL schizzerebbe al 145%. E poi i vincoli di bilancio imposti dall'Europa ci farebbero rientrare nelle procedure d'infrazione*» spiega Antonio Maria Rinaldi della *Link Campus University*.

Spesa pubblica corrente e in conto capitale

Per comprendere i motivi che impediscono ai governi di agire con mano forte sulla questione dei debiti della pubblica amministrazione, è opportuno illustrare al lettore meno esperto come si contabilizza la spesa pubblica. La spesa pubblica si divide in spesa corrente, utilizzata per pagare stipendi, manutenzioni, materiali di consumo ecc. e in conto capitale, cioè per gli investimenti.

I debiti commerciali relativi alla **spesa corrente** sono contabilizzati secondo un criterio di competenza. La transazione viene pertanto registrata quando la prestazione ha luogo, non quando il pagamento viene effettuato con il risultato che tali debiti incrementano il deficit nell'anno in cui avviene la prestazione. Se un fornitore esegue, ad esempio, un lavoro di manutenzione per conto della pubblica amministrazione nell'anno corrente e non viene pagato, il debito nei suoi confronti influenzerà il deficit. Se tale debito sarà saldato l'anno seguente e se lo Stato non ha disponibilità di cassa, si dovrà ricorrere all'emissione di titoli di Stato per finanziare il pagamento, aumentando così lo *stock* complessivo di debito pubblico.

I debiti commerciali relativi alla **spesa in conto capitale** invece, seguono il criterio di "cassa". La transazione viene, infatti, registrata non quando la prestazione ha luogo ma quando il pagamento viene effettuato, aumentando il deficit nell'anno in cui avverrà il pagamento. Anche in questo caso lo Stato, qualora non vi siano disponibilità liquide, ricorrerà all'emissione di titoli di debito per poter onorare il pagamento.

Per saldare i debiti pregressi delle pubbliche amministrazioni lo Stato deve dunque ricorrere al mercato dei capitali, indebitandosi ulteriormente. Il fatto non rappresenterebbe in sé un problema se l'Europa avesse previsto di allentare la morsa della regolamentazione nei periodi di stress finanziario, permettendo così agli Stati di adottare misure anticicliche. Ma dovendo attenersi ai vincoli comunitari, e quindi cercare di evitare di incorrere in sanzioni ("procedure d'infrazione"), si è giunti a quello che si potrebbe definire "il più grande paradosso". Lo Stato non può più ricoprire la sua mansione originaria, ossia tutelare il bene comune e mantenere solvibili i propri contribuenti ma deve solo adattarsi a regole e cavilli disegnati a tavolino in sede comunitaria.

Proposte di valorizzazione delle riserve auree di Banca d'Italia

Un'altra sagola di salvataggio potrebbe arrivare dalla valorizzazione del bene-rifugio per eccellenza, l'oro. Una buona parte delle riserve auree si trova nelle mani delle banche centrali. Tali giacenze sono rimaste custodite nei loro *caveau* per decenni, senza che nessuno ne abbia mai davvero tratto vantaggio, perché l'oro è considerato l'ultima garanzia dell'integrità di una valuta, l'ultimo baluardo di difesa contro la speculazione finanziaria. Dopo il disastro del 1992, si è cominciato a comprendere che non esistono più difese e che quindi, è più conveniente piegarsi alle logiche dei mercati, svalutando e magari cercando di impiegare le risorse auree in maniera più proficua, mettendole a servizio delle economie domestiche come mezzo per contenere il debito pubblico e i costi di rifinanziamento oppure come strumento per riavviare la crescita.

Si muove in tale direzione un'interessante proposta avanzata da **Alberto Quadrio Curzio** e **Fulvio Coltorti** in due articoli pubblicati da Il Sole 24 Ore nel corso del 2013[5].

Duplice è l'obiettivo del **piano Bankoro** elaborato dai due economisti: colmare un *gap* normativo riguardante l'assetto proprietario di Banca d'Italia e contestualmente reperire 13-14 miliardi di euro da destinare al Paese sotto forma di credito alle imprese.

La Legge n.262 del 2005 che avrebbe dovuto ripubblicizzare la Banca d'Italia

La Banca d'Italia è un istituto di diritto pubblico con un capitale sociale di 156mila euro diviso in 300mila quote con un valore unitario pari a 52 centesimi cadauna. Una serie di privatizzazioni e

---

[5] 16/04/13, "Bankoro, un piano per sfruttare le riserve auree";
05/09/13, "Piano-oro: Bankitalia più autonoma e più credito all'economia".

acquisizioni nel panorama bancario italiano ha però, fatto sì che il 94,33% del capitale della Banca centrale sia ora in possesso di enti non pubblici.

Per risolvere questa anomalia e quindi provvedere alla **ripubblicizzazione delle quote detenute dai soggetti privati**, il 28 dicembre 2005 il Parlamento ha approvato la **Legge n.262 (Art.19)** in base a cui entro il 31 dicembre 2008 si sarebbe dovuto ridefinire, mediante un apposito regolamento, l'assetto proprietario di Palazzo Koch.

I profitti e il capitale della Banca (Privata) d'Italia

A distanza di quasi otto anni dalla scadenza del 31 dicembre 2008 sulla questione della nazionalizzazione è calato il silenzio e anzi, con la rivalutazione delle quote di Banca d'Italia approvata dalla Commissione Ue si è sancita *de facto* la privatizzazione dell'Istituto. Tutto questo mentre la Banca d'Italia ha dichiarato utili per 7.915 milioni di euro nel periodo 1999-2012 e a fronte di **una situazione patrimoniale** che molti addetti ai lavori ritengono "**eccessiva**" se confrontata a quella delle principali banche centrali dell'Eurosistema.

Secondo quanto riportano Alberto Quadrio Curzio e Fulvio Coltorti su Il Sole 24 Ore del 5 settembre «*la Banca d'Italia, con una circolazione monetaria pari a fine 2012 a 150 miliardi di euro, si presenta con un patrimonio netto di 23,5 miliardi; la Banque de France gestisce una circolazione non molto superiore (170 miliardi) ma esibisce un patrimonio poco sopra i 9 miliardi, mentre la Deutsche Bundesbank, con la sua massa di biglietti di 227 miliardi, dispone di capitale e riserve per appena 5,7 miliardi. Tra gli altri, il Banco de España dispone di mezzi propri per 3,8 miliardi di euro su una circolazione di 100 miliardi, mentre la Bank of England al febbraio scorso esibiva anch'essa 3,8 miliardi di euro di patrimonio con 67 miliardi di circolazione. I dati citati dimostrano che la Banca d'Italia è "un'impresa" con un patrimonio molto elevato*».

L'oro come mezzo per nazionalizzare la Banca d'Italia e finanziare il tessuto produttivo italiano

Il mezzo per far rientrare sotto la giurisdizione dello Stato le dotazioni patrimoniali della Banca centrale sarebbe quello di **mobilitare, senza però dismettere, le riserve auree ufficiali** di via Nazionale. L'operazione, valutata 22,2 miliardi di euro, prevede il riassorbimento del 94,33% del capitale di Banca d'Italia, ossia delle 283.000 quote attualmente detenute da soggetti privati, attraverso il "**buyback diretto**" del 5% delle partecipazioni (valutate 1,2 miliardi) e il trasferimento del rimanente 89,33% alla Bankoro S.p.A., una società finanziaria pubblica appositamente costituita dal Tesoro (operazione di "**buyback nazionale**").

Nel caso in cui il Sistema europeo delle banche centrali (SEBC) approvasse il piano e l'oro di Banca d'Italia venisse conseguentemente trasferito a un **soggetto istituzionale**, talune riserve auree sarebbero soggette all'**imposta IRES** con un'aliquota del 27,5%. «*Valutando prudenzialmente il prezzo di mercato dell'oro avendo per riferimento la media dell'ultimo triennio*» osservano Alberto Quadrio Curzio e Fulvio Coltorti «*l'imposta da versare ammonterebbe a circa 20 miliardi di euro, addebitabile contabilmente alla riserva aurea di cui assorbirebbe, comprendendo il buyback diretto, meno del 30%*». I 20 miliardi di gettito erariale potrebbero essere usati dal Ministero delle Finanze per disporre un aumento di capitale nella Bankoro S.p.A., dotandola così dei mezzi per rilevare l'89,33% del capitale della Banca d'Italia.

Secondo gli autori dell'operazione Bankoro, a fronte delle plusvalenze realizzate sulla cessione delle quote Banca d'Italia, le banche beneficiarie potrebbero impegnarsi, tramite un accordo vincolante con le autorità di vigilanza, a finanziare la costituzione di **un fondo italiano di investimento per le piccole e medie imprese**.

Alberto Quadrio Curzio e Fulvio Coltorti non sono i soli ad aver suggerito di mettere le riserve auree a servizio del Paese. Nel corso dell'ultimo quinquennio altri addetti ai lavori hanno proposto di impiegare l'oro di Banca d'Italia come mezzo per ridurre il debito pubblico e riavviare la crescita.

Alcune proposte e in particolare le due riportate di seguito hanno sollevato un discreto interesse ma anche delle critiche, soprattutto per quanto concerne la fattibilità tecnico-legale. Queste non sembrano infatti tenere sufficientemente in considerazione il fatto che le riserve auree e valutarie di Banca d'Italia sono inserite all'interno del sistema europeo delle banche centrali (SEBC). Andrebbe pertanto appurata la possibilità di poter effettivamente mobilitare tali risorse in funzione di riduzione del debito pubblico e come mezzo per riavviare l'economia.

La proposta di Mediobanca Securities

Una prima autorevole proposta aurea è quella avanzata da **Antonio Guglielmi** di **Mediobanca Securities** nel febbraio 2012, quando i rendimenti dei nostri bond erano sotto la lente d'ingrandimento dei mercati. Nello specifico, Guglielmi suggerisce di impiegare le risorse della Cassa Depositi e Prestiti (CDP), per acquisire alcune delle aziende partecipate dallo Stato ma anche di rilevare una parte, ad esempio 50 miliardi, delle riserve auree di Banca d'Italia.

Per finanziare l'operazione e garantirne il buon esito, il dirigente di Mediobanca suggerisce l'emissione, da parte della Cassa Depositi e Prestiti, di obbligazioni destinate agli investitori domestici e garantite dai valori borsistici delle partecipazioni statali e dall'oro di Palazzo Koch.

Una volta onorati i pagamenti verso il Tesoro e la Banca d'Italia, la Cassa Depositi e Prestiti provvederebbe a coordinare la graduale dismissione dei beni ceduti dallo Stato ma non dell'oro che rimarrebbe nei forzieri della CDP.

La proposta di Giuseppe Vegas

Vi è poi l'interessante "piano anti-spread" di **Giuseppe Vegas**. La proposta dell'ex parlamentare, oggi Presidente di CONSOB, prevede di far confluire il patrimonio dello Stato (immobili, quote societarie, riserve valutarie ed auree della Banca d'Italia) in un fondo di proprietà del Tesoro. Tale fondo avrebbe il compito di collocare sul mercato bond contraddistinti da un rating di prim'ordine (la presenza di garanzie auree potrebbe valergli la tripla A) e sempre il suddetto fondo potrebbe intervenire sia sul mercato secondario, riacquistando i titoli del debito pubblico emessi a tassi di rendimento elevati, sia direttamente in fase d'asta (e quindi "annullando" il divorzio del 1981 tra Banca d'Italia e Tesoro).

Secondo Giuseppe Vegas, il varo di uno scudo anti-spread italiano consentirebbe allo Stato di risparmiare 8,7 miliardi annui sui costi di finanziamento (corrispondente a circa un decimo degli interessi pagati nel 2012) più altri 2,5 miliardi all'anno tra spese dirette e costi di emissione.

Quinta Parte – L'abc della crescita

Le proposte che prevedono la monetizzazione dei debiti delle pubbliche amministrazioni e la valorizzazione delle riserve auree sono soluzioni interessanti, molto probabilmente necessarie, ma non sicuramente sufficienti a ristabilire la nostra economia nel lungo termine. E qui l'importanza di dover contestualmente intervenire in maniera decisa su altri fronti, portando avanti le famose riforme e, nello specifico, una serie di azioni di politica economica.

Tali azioni sono in grado di agire con maggiore incisività sia sul contenimento della spesa pubblica, attuando un'attenta revisione dei centri di costo, cioè dirottando risorse e fondi dalle attività che non aggiungono valore a quelle che in inglese si chiamano *value adding*, sia proponendo interventi volti a sostenere le PMI e quindi i settori primari, secondari e terziari.

In quest'ultima parte del saggio intendo soffermarmi su questo aspetto, illustrando a titolo esplicativo una gamma di proposte aventi come obiettivo quello di ristabilire e rilanciare il tessuto produttivo ed imprenditoriale del Bel Paese.

Salvare Made in Italy, ABC ECONOMICS propone consorzio internazionale e performance bond

Lo scorso aprile il Governo ha varato una legge contro la contraffazione del *Made In Italy*, un provvedimento che associa i prodotti a un codice contenuto in un chip RFID (*Radio Frequency Identification*), o un *codice a barre,* rilasciato da certificatori autorizzati dal Ministero dello Sviluppo Economico.

Si stima che il cosiddetto *italian sounding*, cioè l'uso di denominazioni geografiche, immagini e marchi che evocano l'Italia per promuovere e commercializzare prodotti non riconducibili al nostro Paese, sottragga al PIL italiano milioni di euro ogni anno.

Secondo le analisi più recenti, il commercio del falso in Italia (senza considerare la quota di merci contraffatte che partono dall'Italia verso l'estero), garantisce un fatturato annuo di oltre 7 miliardi di euro.

Le perdite per il bilancio dello Stato in termini di mancate entrate fiscali sono state calcolate in 5 miliardi e 281 milioni di euro, mentre sono quasi 300mila i posti di lavoro sottratti all'economia reale.

Secondo la Coldiretti, in vetta alla classifica dei prodotti più contraffatti ci sono i formaggi, a partire dal Parmigiano Reggiano e il Grana Padano che negli Stati Uniti in quasi 9 casi su 10 sono sostituiti dal *Parmesan*, prodotto in Wisconsin o in California. La lista continua con il Provolone, Gorgonzola, Pecorino Romano, Asiago e Fontina. Non possono sottrarsi all'appello i nostri più prestigiosi salumi, dal Parma al San Daniele ma anche il rinomato olio extravergine di oliva e le conserve, come il pomodoro San Marzano che viene prodotto in California e venduto in tutti gli USA.

L'istituzione del Made In Italy Consortium e una garanzia di buon adempimento (performance bond) per tutelare l'italianità dei nostri prodotti

L'approvazione della legge sulla tracciabilità digitale del *Made In Italy* non è che un primo ma significativo, piccolo passo verso la tutela dei prodotti nostrani.

Il provvedimento andrebbe esteso all'estero al fine di tutelare il settore agroalimentare, il più colpito dalla contraffazione.

Allo scopo, *ABC Economics* suggerisce di fare pressione sull'Unione Europea e l'Organizzazione mondiale del commercio affinché le imprese attive nell'ambito della ristorazione e del commercio di prodotti agroalimentari, che intendono fregiarsi del rinomato marchio *Made In Italy* aderiscano a un consorzio (il *Made In Italy Consortium*).

L'accesso al consorzio richiederebbe agli aderenti il versamento di una quota annuale nella forma di *performance bond*. Questa fungerebbe da clausola a garanzia del *Made In Italy* e verrebbe rimborsata una volta che il consorzio abbia attestato l'effettiva origine e provenienza delle merci e dei beni. Un modo, dunque, per certificare l'italianità.

Al fine di incentivare le adesioni al consorzio, l'UE potrebbe offrire una gamma di sostegni fiscali, dalla riduzione delle aliquote fiscali alle concessioni sulle accise energetiche.

La Green Economy e le proposte della Confederazione Nazionale dell'Artigianato

Le proposte della Confederazione Nazionale dell'Artigianato per uscire dalla crisi: dall'investimento in infrastrutture al pagamento dei debiti della pubblica amministrazione, dalla revisione dell'attuale regime fiscale che grava sulle piccole e medie imprese alla riforma del SISTRI.

«Ai problemi inediti che questa crisi terribile sta ponendo a tutti bisogna trovare risposte inedite. E la sostenibilità, l'innovazione, la green economy rappresentano sicuramente risposte inedite». Sono le parole usate dal segretario generale della **Confederazione Nazionale dell'Artigianato e della Piccola e Media Impresa (CNA)**, Sergio Silvestrini, per introdurre il convegno "**Green economy e crescita. Nuova economia e sviluppo sostenibile**" tenutosi a Roma il 15 luglio 2013.

Riavviare il "Made in Italy" investendo sulla Green Economy

A tal proposito, il segretario Silvestrini ha dichiarato: «*Oggi nel Paese e soprattutto nel mondo imprenditoriale avverto sentimenti contrastanti. C'è rabbia, c'è rancore ma c'è anche tanta voglia di resistere e di contribuire a progettare, a creare un futuro diverso. È un forte desiderio di reazione alla logica declinista ma le imprese possono ancora fare la loro parte sposando la green economy, cioè un nuovo modo di concepire lo sviluppo, un'operazione possibile a patto che la classe dirigente e la politica condividano la stessa sensibilità e soprattutto decidano finalmente di rendere la vita più facile alle imprese*».

Per poter avviare questo processo di rinnovamento e quindi ricostruire il nostro tessuto imprenditoriale, gli organizzatori del convegno "Green economy e crescita. Nuova economia e sviluppo sostenibile" propongono una gamma di interventi, dall'investimento in infrastrutture al pagamento dei debiti della pubblica amministrazione, dalla revisione dell'attuale regime fiscale che grava sulle piccole e medie imprese alla riforma del SISTRI.

I fondi europei e gli investimenti in infrastrutture

Secondo la Confederazione Nazionale dell'Artigianato, un buon inizio sarebbe quello di ottimizzare l'uso delle risorse disponibili tra cui quei 30 miliardi di euro di fondi europei che le nostre regioni e gli enti locali impiegano con il contagocce. Il segretario generale della CNA Silvestrini suggerisce di fare un passo indietro, ossia di lasciare che sia lo Stato e non gli enti locali, a decidere come utilizzare questi fondi, magari destinandoli alle imprese e al Paese sotto forma di investimenti in infrastrutture e in progetti eco-sostenibili.

Maxi sblocco dei debiti della pubblica amministrazione

Silvestrini propone, inoltre, lo sbloccamento immediato della quasi totalità dei debiti della pubblica amministrazione nei confronti delle aziende. Secondo Silvestrini bisogna infatti «*mettere subito in circolo non 4-5 miliardi ma 40-50 miliardi. I mercati hanno già scontato la presenza di questo macigno. Le agenzie di rating, lo sappiamo bene, più che il nostro debito hanno nel mirino la mancata crescita e 40-50 miliardi potrebbero far ripartire gli investimenti, l'occupazione e la crescita*».

Sgravi fiscali per chi investe sulla green economy

Occorre poi alleggerire il carico fiscale che grava sulle imprese attive nella *green economy*, un settore in espansione nonostante la crisi. Tra gli interventi proposti figurano incentivi e detrazioni fiscali per gli interventi di ristrutturazione edilizia e di riqualificazione energetica degli edifici. Nello specifico, la Confederazione Nazionale dell'Artigianato propone di prolungare e stabilizzare le detrazioni fiscali del 65% per gli interventi di efficienza energetica e di rilanciare nuovi incentivi sulla produzione di energia da fonte fotovoltaica.

Riprogettare il SISTRI

In tema di ambiente, infine, la CNA propone l'abolizione del SISTRI, il sistema di controllo della tracciabilità dei rifiuti, un progetto nato nel 2009 su iniziativa del Ministero dell'Ambiente e della Tutela del Territorio e del Mare. Secondo Silvestrini è necessario riprogettare l'intero workflow: «*Noi siamo favorevoli al tracciamento dei rifiuti pericolosi ma non possiamo accettare che rimanga in piedi questa operazione sbagliata fin dall'inizio. Il famigerato sistema di tracciabilità dei rifiuti*» conclude il segretario generale della CNA «*è costato alle imprese, tra costi diretti e indiretti, oltre 400 milioni di euro*».

Approfondimento – La Green Economy in Italia

- *In Europa sono circa 5,6 milioni i posti di lavoro direttamente connessi all'economia verde.*
- *Il 23,6% delle imprese italiane con almeno un dipendente, (quasi 360mila) tra il 2009 e il 2012, ha investito in tecnologie e prodotti green. Sono imprese che presentano caratteristiche di innovazione e di esportazione notevolmente al di sopra di quelle ancorate a modelli "vecchi".*
- *Il 38% delle imprese che realizzano eco-investimenti hanno introdotto innovazioni di prodotto o di servizio nel corso del 2011, mentre nel caso delle altre imprese tale impegno strategico ha interessato una quota pari appena al 18%.*
- *Il 37% di queste imprese ha esportato nel 2011, contro il 22% di quelle che non investono nel green.*

Come tornare a crescere rilanciando il turismo artistico e culturale

Il settore del turismo rappresenta la maggiore industria nazionale (10% del PIL). Per valorizzare il nostro immenso patrimonio artistico e culturale, spesso lasciato all'incuria (vedasi il "caso Pompei") e per rilanciare l'economia italiana basterebbero pochi e semplici accorgimenti.

«Il governo italiano ha tempo fino al 31 dicembre 2013 per adottare misure idonee per Pompei mentre l'UNESCO ha tempo fino al 1 febbraio 2014 per valutare ciò che farà il governo italiano (per la preservazione del sito) e rinviare al prossimo Comitato Mondiale 2014 ogni decisione». È questo, il monito lanciato il 28 giugno 2013 dal Presidente della Commissione Nazionale Italiana UNESCO, Giovanni Puglisi.

Il caso del sito archeologico di Pompei è purtroppo, l'emblema della cattiva gestione di un patrimonio culturale ed artistico tanto inestimabile quanto sotto-valorizzato. Basti pensare che nonostante la presenza di oltre 9mila tra monumenti, aree archeologiche, musei e siti UNESCO, il ritorno economico dei nostri beni culturali è significativamente inferiore a quello di Francia, Regno Unito e Stati Uniti. La società di consulenza PwC ha stimato che i siti UNESCO di questi Paesi generino, per esempio, un ritorno commerciale pari a 4, 7 e 16 volte quello italiano.

Il turismo è la nostra maggiore industria nazionale

Per uscire dalla crisi economica che sta mettendo a dura prova il nostro Paese sarebbe sufficiente investire sul nostro patrimonio storico-artistico. A parlare sono i numeri. **Il settore del turismo genera 136 miliardi l'anno, pari all'8,6% del PIL, che salgono a 161,2 miliardi, cioè il 10,3% se si considera il settore allargato.**

Il settore del turismo è dunque, la maggiore industria nazionale. Occupa 2,2 milioni di persone e vale più dell'auto, della moda e dell'arredamento messi insieme.

E non solo, il turismo presenta un vistoso "surplus" finanziario con l'estero: nei primi due mesi del 2013, secondo i dati forniti da Banca d'Italia, il saldo positivo è stato di 554 milioni, in crescita rispetto allo stesso periodo dello scorso anno.

Ecco perché i privati italiani non investono sulla cultura italiana

Dal rapporto "2012 Minicifre della cultura", redatto dal **Ministero per i Beni e le Attività Culturali**, si evince che **nel 2011 i privati hanno erogato soli 28,6 milioni di euro per la cultura, ossia 3,5 volte in meno di quanto raccolto dal** *Metropolitan Museum* **di New York** (130 milioni di dollari) dai suoi 140mila sostenitori privati.

Sono due i motivi che inducono i privati a non investire sulla preservazione *Made in Italy*: il regime fiscale e la mancanza di credibilità e quindi di trasparenza, da parte delle istituzioni e degli enti preposti alla gestione del nostro patrimonio artistico, elementi che hanno contribuito a rendere "donazione" sinonimo di "versamento a fondo perduto".

La proposta Ambrosetti: due semplici idee per valorizzare il nostro patrimonio artistico e culturale

Per valorizzare il patrimonio artistico italiano e sfruttarlo come volàno per la crescita, The European House-Ambrosetti propone una collaborazione con il settore privato (a) creando un **sistema di concessioni** in cambio di un canone annuo e (b) assegnando parte degli *asset* dati in concessione ad un **fondo di investimento a larga partecipazione statale**.

Secondo l'organizzatore del Forum di Cernobbio, entrambe le iniziative stimolerebbero il turismo e il settore allargato, con effetti positivi non solo sul PIL ma anche sulla preservazione di quel patrimonio culturale, paesaggistico e storico di cui forse inconsapevolmente disponiamo.

Proposta Symbola: ripartire dai piccoli comuni per rilanciare il turismo e l'agricoltura

Per riavviare la crescita occorre tornare a "produrre all'ombra dei campanili" cose che il mondo intero ci invidia, valorizzando i patrimoni artistici, ambientali e agroalimentari custoditi nei piccoli Comuni.

Quando si parla di turismo si è soliti pensare alle grandi città d'arte come Firenze, Roma e Venezia. Eppure in Italia vi sono quasi 5.700 comuni con meno di 5mila abitanti, pari al 70% del totale, che custodiscono un inestimabile patrimonio ambientale e culturale, ricco di tradizioni e di abilità manifatturiere.

Salvaguardare queste micro-realtà significa anche tutelare il *Made in Italy*: «*La stragrande maggioranza dei casi di successo di produzioni italiane che si affermano nel mondo proviene da questa Italia profonda*» spiega **Fabio Renzi**, segretario generale di **Symbola - la Fondazione per le Qualità Italiane**. Ecco perché è opportuno che le istituzioni approvino **una legge specifica per i comuni sotto i 5mila abitanti**, con la quale predisporre un sistema integrato di finanziamenti e di semplificazioni amministrative che permettano la valorizzazione delle produzioni agricole locali e favoriscano il turismo.

Un nuovo modello di finanza locale per i comuni con meno di 5mila abitanti

In materia di finanza e politica locale, la Fondazione Symbola ritiene opportuno favorire la ripopolazione e il recupero dei piccoli centri abitati attraverso un piano di incentivi e premi di insediamento a favore di coloro che trasferiscono la propria residenza e dimora abituale oppure la propria attività economica, in comuni con meno di 5mila abitanti per un periodo non inferiore a dieci anni.

Informatizzare i piccoli comuni per migliorare l'istruzione e i servizi territoriali

Per attirare nuovi capitali nelle aree meno urbanizzate è inoltre, necessario dotare i piccoli comuni di infrastrutture e in modo particolare, di una rete Wi-Fi. «*Solo così*» spiega il segretario generale di Symbola «*si possono superare i limiti fisici e relazionali dati dalla distanza che spesso separa i piccoli comuni dai centri e dai servizi urbani. Le nuove tecnologie wireless costituiscono una componente strategica e possono essere utilizzate per servizi pubblici e privati avanzati nel campo della sicurezza, del turismo, del traffico, della scuola, dell'edutainment*».

Secondo Fabio Renzi, occorre diffondere sul territorio iniziative analoghe a quella promossa dal comune di Bardi (provincia di Parma) e da Legambiente. Mediante la diffusione di Internet nei Comuni della Val Ceno e di Bardi, infatti, per 600 ragazzi è stato possibile frequentare le scuole superiori avvalendosi di un tutor in classe per le materie di base e collegandosi in rete per tutte le altre lezioni.

Valorizzare i prodotti agroalimentari locali

L'Italia è il leader europeo nelle produzioni certificate con 149 DOP (Prodotti a Denominazione d'Origine Protetta) e IGP (Prodotti a Indicazione Geografica Protetta) e oltre 4mila PTA (Prodotti Tradizionali Agroalimentari). Il 93% delle DOP e IGP e il 79% della produzione di vini di alta gamma provengono da comuni con meno di 5mila abitanti.

I numeri non devono, tuttavia, trarre in inganno specie per quanto riguarda la produzione agroalimentare locale. «*La stragrande maggioranza dei PTA*» precisa l'esponente della Fondazione Symbola «*non ha la dimensione quantitativa e produttiva per diventare DOP o IGP e per imporsi nei mercati nazionali ed internazionali. La maggior parte di queste produzioni tipiche locali può dar vita invece a "filiere corte" che hanno come sbocco finale la ristorazione e la commercializzazione locale».* Da qui la necessità di avviare progetti per favorire la certificazione volontaria delle piccole produzioni tipiche locali avvalendosi di marchi commerciali in grado di garantire il consumatore ed «*evitando così di ricorrere a strumenti inadeguati e sovradimensionati come le DOP e le IGP*».

Itinerari tematici per sviluppare il turismo dei piccoli comuni

Molto spesso i piccoli comuni custodiscono veri e propri gioielli che potrebbero essere meglio valorizzati se si riuscisse a «*intercettare quella nuova domanda turistica sempre più attenta alla qualità dell'offerta culturale, territoriale e ambientale*». Il segretario generale della Fondazione Symbola ritiene quindi opportuno affidare a una *partnership* mista pubblico-privata il compito di realizzare almeno 10 grandi itinerari storico-culturali di rilievo nazionale al fine di proiettare su scala nazionale ed europea i patrimoni custoditi nei piccoli comuni.

Prodotti a Denominazione d'Origine Protetta – DOP

Riconoscimento assegnato ai prodotti agricoli ed alimentari le cui fasi del processo produttivo vengano realizzate in un'area geografica delimitata e il cui processo produttivo risulta essere conforme ad un disciplinare di produzione. Queste caratteristiche sono dovute essenzialmente o esclusivamente all'ambiente geografico, comprensivo dei fattori naturali ed umani.

Prodotti a Indicazione Geografica Protetta – IGP

Il termine "IGP" è relativo al nome di una regione, di un luogo determinato o, in casi eccezionali, di un paese che serve a designare un prodotto agricolo o alimentare originario di tale regione, di tale luogo determinato o di tale paese e di cui una determinata qualità, la reputazione o un'altra caratteristica possa essere attribuita all'origine geografica e la cui produzione e/o trasformazione e/o elaborazione avvengano nell'area geografica determinata.

Prodotti Tradizionali Agroalimentari – PTA

Sono considerati prodotti agroalimentari tradizionali, da inserire nell'elenco regionale e nazionale, ai sensi del D. M. 8 settembre 1999, n.350, quelli le cui metodiche di lavorazione, conservazione e stagionatura sono praticate sul territorio in maniera omogenea e secondo regole tradizionali, protratte nel tempo per un periodo non inferiore ai venticinque anni.

Il piano de Il Sole 24 Ore per far tornare il Paese all'avanguardia della moda e dell'industria manifatturiera

La proposta de Il Sole 24 Ore include gli investimenti in infrastrutture, il turismo, la politica fiscale, la solidarietà di sistema, l'internazionalizzazione del Made in Italy e il talent scouting.

La settimana della moda, che ha avuto luogo a Milano nell'autunno del 2013, è stata per gli addetti ai lavori anche l'occasione per riflettere sulle strategie di rilancio dell'industria manifatturiera italiana e una serie di settori annessi. Proprio in quest'ottica si inserisce il **Manifesto della moda**, un documento de Il Sole 24 Ore al quale hanno contribuito personaggi del calibro di Giorgio **Armani**, Patrizio Bertelli (**Prada**), Ferruccio **Ferragamo**, ma anche Federico Ghizzoni (**UniCredit**), Manfredi Catella (Hines Italia), Mario Boselli (Camera nazionale della moda italiana), l'oncologo Umberto Veronesi, Claudio Marenzi (Sistema Moda Italia), Enrico Cucchiani (**Intesa Sanpaolo**), Rossella Jardini (**Moschino**), Patrizia Moroso (Moroso) e Vittorio Grigolo, il tenore che si è esibito al Teatro alla Scala di Milano in occasione della kermesse milanese.

«*Proprio dal Teatro alla Scala deve ripartire il Made in Italy, dallo stesso simbolo che Alcide De Gasperi scelse, il 9 dicembre del 1946, per parlare di sviluppo e di riscatto del Paese*» spiega il direttore de Il Sole 24 Ore, Roberto Napoletano.

Ma se Milano e l'intera Italia intendono davvero tornare all'avanguardia per competere con le nuove multinazionali del lusso e le altre capitali della moda, servono scelte strategiche capaci di stimolare la creatività e l'artigianato artistico ma anche il sostegno degli enti territoriali e una nuova politica di sviluppo per il settore.

Di seguito le principali proposte contenute nel Manifesto della moda.

Colmare il *gap* delle infrastrutture e investire su territorio e turismo

Cultura ed *entertainment* possono essere le chiavi per invogliare i giovani stilisti esteri a lavorare in Italia. Per farlo occorre, però, rendere il capoluogo lombardo più ospitale, migliorandone l'immagine e la vivibilità.

Secondo **Mario Boselli** della Camera nazionale della moda italiana «*servono provvedimenti specifici quali il prolungamento degli orari della metropolitana e dei mezzi pubblici, un sito multilingue per i visitatori, con informazioni relative a hotel, ristoranti, musei e intrattenimento*». Solo in questo modo, aggiunge Boselli, sarà possibile catturare quei milioni di turisti che sognano di visitare il Paese e acquistare il *Made in Italy*.

«*La moda è uno degli aspetti principali del turismo e deve combinarsi con il massimo dei servizi su collegamenti, alberghi, ristoranti, caffè, locali notturni, musei*» dice Patrizio **Bertelli** (Amministratore delegato del Gruppo **Prada**). «*Almeno nella settimana della moda, la città dovrebbe essere viva fino a mezzanotte, aprendo i cortili dei più bei palazzi storici*».

Incentivi e riduzione del cuneo fiscale per restare competitivi

Il 90% del settore della moda è dominato da aziende di medie, piccole e piccolissime dimensioni. Per attirare nuovi capitali italiani ed esteri, Il Sole 24 Ore suggerisce una politica di incentivi e di riduzione del cuneo fiscale. Queste misure, seppure convenzionali, faciliterebbero il **reperimento di fondi da investire in ricerca e sviluppo**, permettendo così ai designer nostrani di primeggiare in un mercato fortemente competitivo.

Solidarietà di sistema e accesso al credito

Sempre secondo Il Sole 24 Ore, spetta alle imprese leader assumersi la responsabilità di mantenere vivo e dinamico il settore, promuovendo la cosiddetta solidarietà di sistema. «*Un corretto flusso finanziario può garantire il rilancio dell'intera filiera, inclusa la tutela delle eccellenze artigianali Made in Italy. Una filiera più forte, come spiegano gli autori del Manifesto della moda, può rappresentare un'enorme occasione anche per gli istituti bancari*». Tra le banche più attive su questo fronte si segnala UniCredit, la quale ha lanciato un'iniziativa che ha come obiettivo quello di offrire alle aziende del settore una gamma di prodotti e di **finanziamenti finalizzati alla crescita dell'export**, ma anche servizi di consulenza per quanto concerne **acquisizioni, alleanze** strategiche e **private equity**.

Indirizzare il Made in Italy verso i mercati emergenti

Il Manifesto della moda ritiene inoltre strategico catapultare anche le aziende più piccole sui mercati internazionali, facilitandone l'accesso alle fiere sulle principali piazze mondiali. L'obiettivo è quello di contrastare la contrazione della domanda interna, indirizzandosi sempre più attivamente verso i **mercati emergenti** del Centro-Est Europa, dell'Asia e del Sud America.

Talent scouting e formazione del personale

La proposta firmata da Il Sole 24 Ore auspica, infine, lo stanziamento di maggiori risorse a favore della formazione delle future leve nel campo della moda. Secondo **Fabrizio Onida** dell'Università **Bocconi**, è opportuno rivedere la scuola dell'obbligo, introducendo anche in Italia il cosiddetto "**sistema duale**", una formula mista di formazione scolastica già presente in altri Paesi e in grado di «*avvicinare i giovani alle imprese già dagli ultimi anni di liceo*».

Proposta Sportoletti per rilanciare il settore manifatturiero

Per tenere alto il vessillo del "Made in Italy" e rilanciare l'occupazione e la crescita, il Paese deve puntare in modo deciso sul settore manifatturiero.

«*Il dibattito sulle misure del governo per arginare il drammatico aumento della disoccupazione si sta concentrando su interventi di redistribuzione del lavoro, (ad esempio, la staffetta generazionale anche come contrappeso all'aumento dell'età pensionabile) o sulla soluzione temporanea a emergenze immediate (vedi il problema esodati e il rifinanziamento della CIG, mentre la riduzione del cuneo fiscale passa inevitabilmente in secondo piano): misure necessarie per la loro urgenza, dettate anche dalla manifesta volontà del governo di dare segnali di intervento in tempi rapidi su temi caldi per prolungare la sua stessa sopravvivenza. Urgenze appunto, ma nulla di strategico che possa favorire insieme crescita e occupazione in modo sostenibile nel tempo. Occorre, invece, avviare immediatamente misure realistiche di ampio respiro, pena l'autocondannarsi a inseguire, con soluzioni tampone sempre meno efficaci e sempre più dispendiose, una spirale di decrescita che rischia di diventare irreversibile*». È il monito lanciato nel giugno 2013 da **Alberto Sportoletti**, Ceo e Partner di Sernet Group, un gruppo a cui fanno capo diverse società di servizi professionali per il management e l'innovazione d'impresa, in un articolo pubblicato sul portale **ilsussidiario.net**.

Investire sul manifatturiero: i benefici sul PIL e sulla formazione professionale

Elementi quali i problemi strutturali dell'eurozona, l'elevata pressione fiscale, l'innalzamento dell'età pensionabile, l'irrigidimento del mercato del lavoro in entrata e in uscita e l'eccessiva burocrazia stanno «*portando il Paese alla "tempesta perfetta" sull'occupazione che vediamo aggravarsi di giorno in giorno, soprattutto in ambito industriale».*

Occorre, dunque, reagire e varare soluzioni per **rilanciare il nostro tessuto industriale**, valorizzando il **know-how** italiano e **investendo su quel settore che ci ha reso importanti all'estero, il settore manifatturiero.**

Perché è così importante puntare in modo deciso sul rilancio del manifatturiero italiano?

In primo luogo perché il nostro Paese è ancora la seconda "fabbrica" d'Europa, nonostante dal 2007 al 2012 in Italia sia andato distrutto il 15% del potenziale manifatturiero e si sia perso il 25% della produzione industriale.

E poi perché **il manifatturiero** non solo si coniuga con ricerca, progettazione e design ma incide in maniera significativa sul nostro PIL e **può fungere da traino per tutti gli altri settori, dai servizi all'impresa a quelli finanziari, dall'edilizia alla formazione e valorizzazione del capitale umano.** «*Sappiamo che Oltralpe*» osserva Alberto Sportoletti «*specialmente in Svizzera e Germania, c'è un consistente deficit di manodopera qualificata in campo industriale, tanto che sono state varate iniziative di attrazione dall'estero di personale già specializzato, come la Job Borse tedesca. Peraltro i paesi confinanti, con l'Italia, anche al di là del Mediterraneo, sfruttano la nostra debolezza e stanno cercando di attirare in ogni modo le nostre imprese e i nostri lavoratori qualificati (provocando anche movimenti di protesta dei locali come avviene in Canton Ticino) puntando su semplificazione normativa e velocità autorizzativa, servizi e minor tassazione complessiva per l'impresa, più che sul minor costo del lavoro».*

Una ricetta semplice per fermare il declino industriale italiano

Per invertire la rotta, il manager di Sernet Group suggerisce l'introduzione di una gamma di incentivi per la realizzazione di nuove iniziative imprenditoriali e a favore di chi rimpatria quelle attività precedentemente delocalizzate, soprattutto nel manifatturiero avanzato e innovativo. A tal scopo, si potrebbe considerare non solo lo snellimento dell'iter burocratico e quindi la riduzione dei tempi di approvazione dei progetti industriali, ma anche agevolazioni per la riqualificazione di aree industriali dismesse, detassando chi riassume personale e chi reinveste gli utili in progetti aziendali e di formazione. «*Nulla di particolarmente originale*» puntualizza Sportoletti «*ma **tutto focalizzato verso una priorità chiara e strategica: la rinascita industriale italiana**»*.

La proposta dell'associazione bancaria italiana

I 29 punti dell'associazione delle banche italiane per superare la crisi economica e istituzionale del Paese.

Nel maggio del 2013 l'**associazione bancaria italiana (ABI) ha presentato un piano articolato in 29 punti nel quale si ribadiva la necessità per il Paese di non vanificare "*i grandi sacrifici fatti*"** e si invitavano le istituzioni a varare con massima urgenza azioni volte non solo a ristabilire l'assetto politico nostrano, attraverso l'approvazione di una nuova legge elettorale e la riduzione dei costi della politica ma soprattutto a rilanciare la nostra economia. Ecco perché il "Documento per la Crescita" redatto dall'ABI prende in esame una serie di provvedimenti per spezzare il cosiddetto "circolo vizioso" che ormai da troppo tempo si sta abbattendo sulle imprese, le famiglie e le nuove generazioni.

Imposte sulla casa e rilancio del settore immobiliare

Tra le misure a breve termine inserite nel documento, l'ABI suggerisce la temporanea esenzione dal pagamento delle imposte sulla casa per l'acquisto di nuovi immobili ad alto risparmio energetico. Sempre in tema di immobili, l'associazione bancaria italiana auspica inoltre la proroga degli sgravi fiscali per i lavori di ristrutturazione e i lavori di isolamento termico degli stabili.

Ammortizzatori sociali, occupazione e tirocinio

In materia di occupazione giovanile e femminile, la Confindustria delle banche richiede misure per migliorare il contratto di apprendistato (allungandone la durata e prevedendo meccanismi di decontribuzione e una fiscalità di vantaggio), ma anche strumenti per aumentare la flessibilità in uscita e il finanziamento degli ammortizzatori sociali in scadenza.

Misure a favore del mercato del credito

Il "Documento per la Crescita" indica anche misure a sostegno del mercato del credito. Nello specifico, l'ABI propone di rimuovere le penalizzazioni fiscali previste per il trattamento delle rettifiche di valore e i problemi che limitano l'operatività del credito ipotecario e quindi di rivedere l'uso dei nuovi strumenti per la gestione delle crisi d'impresa.

Misure a medio-lungo termine per la competitività del sistema produttivo

Il Documento delinea, infine, una mappa delle misure di medio e lungo termine per il rilancio del sistema produttivo italiano. Tra gli interventi suggeriti dall'ABI nel documento:

a) il rafforzamento dei fondi di garanzia per il sostegno del credito alle famiglie, aumento delle dotazioni e revisione dei parametri per ampliarne l'accesso;

b) l'istituzione di un fondo di garanzia per le PMI e una serie di misure per il sostegno delle piccole aziende tra cui uno snellimento delle procedure burocratiche e un maggiore utilizzo delle nuove tecnologie informatiche;

c) il potenziamento del turismo attraverso una serie di interventi che consentano la valorizzazione del *Made in Italy*;

d) il riordino dei Confidi;

e) la revisione delle infrastrutture (trasporti e rete aeroportuale);

f) la realizzazione dell'Agenda Digitale Italia.

Le proposte del Manifesto Giovani classi dirigenti

Per superare «i nodi critici del nostro Paese», le associazioni dei giovani dirigenti italiani chiedono a gran voce riforme e liberalizzazioni. L'obiettivo? Svecchiare il Paese e consegnare alle prossime generazioni un'Italia migliore.

«L'Italia necessita di un profondo ricambio generazionale e culturale delle classi dirigenti. Tutti gli studi in materia evidenziano che l'età media della nostra classe dirigente è generalmente superiore ai 60 anni, a differenza di quanto avviene nelle realtà socio-economiche oggi più dinamiche come Stati Uniti, Gran Bretagna e paesi BRICS.

Se vogliamo che l'Italia recuperi il proprio ruolo sul piano della competizione internazionale occorre creare e aggregare nuove idee e nuove leadership tanto nelle attività economico-imprenditoriali, quanto in quelle politico-amministrative. Per innovare e modernizzare, il Paese deve necessariamente attingere a quello che possiamo definire il "potenziale inespresso" dei suoi trenta/quarantenni». È l'incipit del **Manifesto delle Giovani Classi Dirigenti**, un documento redatto nel luglio del 2013 dai rappresentanti dei Giovani Dirigenti Pubblici (AGDP), dei Giovani Manager Privati (Federmanager), delle associazioni Concreta-Mente, Numeri Primi, Allievi Sspa e La Scossa.

Le proposte avanzate dal gruppo di lavoro si prefissano come obiettivo quello di indicare alle classi politiche e imprenditoriali *i nodi critici del nostro Paese* e, quindi, le azioni necessarie per poter rilanciare l'economia e modernizzare l'architettura della pubblica amministrazione, il mercato del lavoro ma anche la formazione accademica e professionale.

L'esigenza di riscrivere il paradigma economico e culturale del Paese

Secondo il gruppo di lavoro, un primo *step* per riavviare la crescita è rappresentato dal varo di riforme strutturali e di liberalizzazione, con la consapevolezza di dover circumnavigare le restrizioni fiscali attraverso la redazione di un nuovo paradigma economico e culturale del Paese.

Come si legge nel documento: «*Siamo consapevoli che non sia più possibile ricorrere alla spesa pubblica. La fine del "deficit spending" richiede una classe dirigente in grado di portare avanti anche scelte non popolari, nell'interesse pubblico delle attuali e delle future generazioni*».

Il Manifesto delle giovani classi dirigenti suggerisce, inoltre, di ridurre e abolire laddove necessario, le barriere d'ingresso alle professioni, di sostenere le PMI e i giovani imprenditori, abbattendo gli oneri contributivi e fiscali per le imprese, detassando la parte variabile delle retribuzioni e, infine, digitalizzando le pubbliche amministrazioni.

Proposte sul lavoro

«*Troppo a lungo le regole del mercato del lavoro e la struttura del welfare italiano hanno favorito i diritti acquisiti, gli insiders e gli anziani, penalizzando i giovani. Una prima importante inversione di questa tendenza si è realizzata attraverso la recente riforma delle pensioni*». Ma per poter davvero consegnare alle future generazioni un Paese con una nuova classe dirigente, occorre aprire il mercato del lavoro facilitando la diffusione di modelli contrattuali flessibili, introducendo sistemi di progressione di carriera basati sul modello anglosassone nonché valorizzando l'apprendistato («*da concepire non come moderno strumento di "sfruttamento" dei giovani, costringendoli a forme prolungate di precarietà, ma come strumento per anticipare l'ingresso nel mercato del lavoro*»).

Istruzione e ricerca

Nel documento viene anche fatto riferimento all'opportunità di investire sulla ricerca e sugli studenti meritevoli, ma anche di ringiovanire gli organigrammi delle università, assegnando un maggior numero di cattedre ai docenti *under 40*.

Il gruppo di lavoro intende, infine, promuovere sin dalle scuole dell'obbligo un più intenso studio delle lingue straniere e delle nuove tecnologie ma anche di sviluppare come all'estero, sistemi di aggiornamento per i docenti e quindi di attuare una profonda revisione dei programmi di studio, rendendoli più attuali e in grado di soddisfare le esigenze del mercato del lavoro.

La proposta Bocconi-EIEF

La proposta del workshop dell'Università Bocconi e dell'EIEF prevede di rilanciare l'economia italiana allentando la morsa sul credito e investendo nella formazione delle nuove generazioni.

«La crisi dell'economia italiana viene da lontano. La scomparsa di un quarto della produzione industriale, i tre milioni di disoccupati di fine 2012 e il crollo delle vendite al dettaglio ai livelli del 2005, non sono solo il risultato della crisi degli ultimi cinque anni ma anche dell'azzeramento graduale della capacità complessiva dell'economia italiana di crescere in modo duraturo. Uscire da questa situazione e ritrovare la strada della crescita è ormai la priorità assoluta per il nostro Paese. Altrimenti sarà difficile evitare l'accrescersi della povertà e sarà impossibile rimborsare il nostro pesante fardello di debito pubblico». È il monito lanciato dal forum **Idee per la Crescita** (http://www.ideeperlacrescita.it) nella primavera del 2013 a margine di un'iniziativa congiunta dell'**Università Bocconi** di Milano e dell'**Einaudi Institute for Economics and Finance** (EIEF).

L'obiettivo dell'iniziativa è quello di formulare una serie di **proposte sul mercato del credito e sull'istruzione, due ambiti essenziali per poter riavviare la crescita**. «*Uno guarda lontano*, spiegano gli organizzatori di Idee per la Crescita, *alla formazione del nostro capitale umano mentre l'altro guarda molto vicino e si chiede come sia possibile riattivare in tempi brevi il flusso di credito alle imprese e come ridurre la loro dipendenza dal finanziamento delle banche*».

Come riavviare il credito alle imprese e gli investimenti in venture capital e private equity

«*I dati indicano che intorno all'economia italiana nel 2011-12 si è chiusa la morsa di una stretta creditizia senza precedenti. Il peggio è che l'offerta di credito bancario è destinata a contrarsi ancora negli anni a venire per consentire alle banche di ricostruire i propri bilanci e ridurre la leva finanziaria. E anche il suo costo è destinato a rimanere elevato».* Per riattivare sin da subito il credito, e quindi, fornire alle imprese gli strumenti e le risorse necessarie per realizzare i progetti e le innovazioni industriali, *Idee per la Crescita* suggerisce una gamma di interventi da realizzare sia in Italia che a livello europeo.

Per quanto riguarda l'Italia, il gruppo di lavoro richiede di accelerare in modo drastico il **pagamento dei debiti della pubblica amministrazione**. Sebbene il decreto del governo Monti dell'aprile 2013 si sia mosso in modo deciso in questa direzione, la *partnership* Bocconi-Einaudi auspica che in futuro le amministrazioni locali paghino tempestivamente i propri fornitori innescando meccanismi virtuosi nei pagamenti anche tra privati.

Il Forum propone inoltre **la cartolarizzazione dei crediti bancari** richiedendo alla Cassa Depositi e Prestiti di rilevare i prestiti dalle banche (oppure di offrire garanzie aggiuntive) e di operare come emittente sul mercato.

Tra le altre misure proposte in tema di *finance* e imprenditoria, gli organizzatori del Forum propongono una serie di misure a favore dei fondi di **venture capital** e di **private equity** con l'intento di stimolare la domanda di capitale di rischio delle imprese, eliminando permanentemente il diverso trattamento fiscale di *equity* e debito, e favorendo l'accesso al mercato azionario da parte delle medie imprese.

Idee per la Crescita suggerisce, infine, di far confluire in una **bad bank europea** i crediti non esigibili oggi contabilizzati nei bilanci delle banche. Si tratterebbe di affidare a operatori specializzati il compito di avviare le procedure amministrative e giudiziarie per il recupero del credito, una mossa che potrebbe spingere gli istituti bancari ad allentare la morsa sul credito.

Ripartire dall'istruzione sperimentando «nuovi modi di fare scuola»

Per riavviare in modo duraturo la crescita economica in Italia, il Forum ritiene fondamentale **investire nel campo dell'istruzione e della formazione professionale,** al fine di dotare le prossime generazioni degli strumenti per poter continuare a promuovere il *Made in Italy.*

Nello specifico, Idee per la Crescita suggerisce di seguire l'esempio statunitense delle Charter Schools e delle britanniche *Grant Maintained Schools*, consentendo ai singoli istituti di *«sperimentare altri modi di fare scuola a chi vuole provarci, senza per questo impedire, a chi preferisce restare nel sistema tradizionale, di farlo, magari migliorandolo».*

Le proposte di Confindustria per aggirare il "credit crunch" delle PMI

Un report del Centro Studi di Confindustria mette a confronto delle vie alternative al credito bancario per aiutare le imprese italiane: dalla riforma dei mini-bond agli strumenti ibridi di capitale, all'impiego delle dotazioni della Cassa Depositi e Prestiti.

«Le difficoltà del credito bancario richiedono il potenziamento dei canali di finanziamento alternativi per le imprese. Ciò si rivela essenziale oggi in quanto i prestiti sono in calo. Serve una nuova finanza per le imprese, insieme a interventi diretti a sbloccare il circolo vizioso credit crunch-recessione». È quanto ha proposto il Centro Studi Confindustria nel maggio 2013 per allentare "la morsa del credito" e promuovere la diffusione di canali di finanziamento alternativi e accessibili «anche dopo l'uscita dalla crisi, quando il credito bancario avrà strutturalmente un ruolo minore nel finanziamento delle aziende».

A suggerire la necessità di attuare una profonda revisione dei meccanismi che governano l'erogazione del credito alle PMI, sono i dati relativi alla patrimonializzazione delle aziende italiane. Secondo il Centro Studi, il capitale proprio delle nostre imprese è in media di 10 punti percentuali, inferiore rispetto a quello delle controparti francesi e britanniche. Questo *gap* è in gran parte riconducibile alla ridotta presenza delle PMI nei listini borsistici ma anche alle difficoltà di accesso al canale obbligazionario.

Le PMI necessitano di più investimenti in private equity e mezzanine finance

Per riattivare il mercato del *private equity* nel 2010 è stato costituito il **Fondo Italiano di Investimento** con una dotazione di 1,2 miliardi. Nel 2012 questo Fondo è stato responsabile per oltre la metà degli investimenti di *private equity* realizzati in Italia.

Secondo il Centro Studi, oltre al *private equity* va anche rilanciato il *mezzanine finance*, uno strumento ibrido di capitale che prima dello scoppio della crisi aveva fatto registrare una significativa crescita, pur restando su dimensioni assai più contenute rispetto ad altri paesi (solo il 5% del valore del mercato europeo) e ad altre forme di finanziamento.

Aprire il mercato dei mini-bond alle PMI

Confindustria ritiene inoltre, opportuno fare in modo che le piccole e medie imprese italiane partecipino più attivamente al mercato obbligazionario. E nonostante nel 2012 il governo Monti abbia introdotto i cosiddetti mini-bond, il Centro Studi è dell'avviso che si debba semplificare la normativa e coinvolgere investitori istituzionali in grado di promuovere l'apertura di fondi specializzati in emissioni obbligazionarie di piccolo taglio.

Le risorse della Cassa Depositi e Prestiti per sviluppare i canali di finanziamento alternativi

L'unità di ricerca di Confindustria auspica anche un maggior coinvolgimento da parte dello Stato nello sviluppo di strumenti e canali di finanziamento non convenzionali quali cartolarizzazioni, Confidi e reti di imprese. «*Si tratta di strumenti con i quali si possono sfruttare le peculiarità vincenti del tessuto produttivo italiano*» spiega il Centro Studi. Al tal scopo, Confindustria suggerisce di assegnare alla Cassa Depositi e Prestiti un ruolo più prominente facendola lavorare in tandem con il Fondo di Garanzia in modo tale da poter fornire alle PMI un maggior numero di prestiti coperti da garanzie reali.

Il Centro Studi propone infine, di impiegare le dotazioni della Cassa Depositi e Prestiti per assistere alla creazione di istituti, sul modello dell'originale Mediocredito e delle banche di credito fondiario, che fanno attività di raccolta e prestito a medio-lungo termine per le imprese con minore accesso ai mercati finanziari.

Credito alle PMI, perché e come ridisegnare i mini-bond

I mini-bond introdotti nel 2012 dal Decreto Sviluppo stentano a decollare. Ecco le proposte per mettere le piccole aziende e non solo quelle medie, nelle condizioni di accedere al mercato obbligazionario.

La crisi che ha messo a durissima prova il sistema industriale italiano e le difficoltà incontrate dalle PMI nell'accedere al credito, potrebbero aver paradossalmente aperto «*nuovi e interessati scenari per il Paese*» a tal punto che «*al massimo tra 15 o 20 anni emergerà un nuovo sistema finanziario in grado di cambiare il mondo delle imprese*». È l'autorevole opinione dell'amministratore delegato di BNL, Fabio Gallia, un punto di vista condiviso anche da Federico Merola, *partner* del Fondo Impresa Italia («*Sarà una riforma strutturale, che alla fine cambierà il sistema industriale italiano*») e da Confindustria. In un recente report del Cento Studi del principale rappresentante delle imprese italiane, vengono passati in rassegna alcuni rimedi alla mancanza di credito. Tra le soluzioni, indicate da Confindustria per sbloccare il cosiddetto "**circolo vizioso** *credit crunch*-**recessione**" e quindi sostenere la piccola e media imprenditoria, figurano l'emissione di **mini-bond**.

I mini-bond, eredità del governo Monti

È stato il governo Monti con il decreto legge n.83 del 22 giugno 2012 ad aver introdotto in Italia i mini-bond. Secondo tale provvedimento, tutte le aziende non quotate in borsa possono emettere obbligazioni e cambiali finanziarie di durata fino a 36 mesi.

Ecco come accedere ai mini-bond: i requisiti

Le PMI non quotate in Borsa difficilmente hanno un'agenzia che ne valuti la classe di rischio. Per sopperire alla mancanza di rating, le società emittenti devono non solo dotarsi di uno "sponsor finanziario" che supporti il collocamento dei bond presso investitori specializzati ma anche pubblicare il bilancio degli ultimi due esercizi, di cui l'ultimo sottoposto a revisione contabile, unitamente a un documento informativo essenziale, una versione semplificata del prospetto di quotazione.

Dalla teoria alla pratica: la prima emissione di mini-bond

Lo strumento del mini-bond non ha ancora riscontrato il favore delle PMI nostrane complice anche il taglio di emissione richiesto, partendo da un minimo di 50 milioni di euro per arrivare a richieste target nell'ordine di 150 milioni. Qualche timido segnale di attività si è tuttavia, registrato a quasi un anno di distanza dall'emanazione del Decreto Sviluppo 2012 quando nell'aprile 2013 la Banca di Credito Cooperativo di Cherasco (Cuneo) ha deciso di assistere la CAAR, una PMI piemontese attiva nel settore dell'ingegneria automobilistica, per l'emissione dei primi mini-bond italiani quotati sul mercato ExtraMOT Pro di Borsa Italiana.

Finanziamenti alle PMI, ecco i credit fund specializzati in mini-bond

Affinché quello di CAAR non resti un caso isolato, occorre mettere le piccole aziende e non solo quelle medie, nelle condizioni di accedere al mercato obbligazionario, studiando mini-bond con tagli inferiori rispetto a quelli attualmente previsti dal Decreto Sviluppo 2012, rendendoli appetibili anche a quelle 89.800 imprese che in Italia hanno un fatturato tra i 2 e i 10 milioni di euro.

Secondo diversi addetti ai lavori, la soluzione consisterebbe nell'apertura di fondi in grado di analizzare aziende piccole e disposti ad acquistare bond di piccolo taglio, anche da un milione di euro cadauno. È questo l'iter seguito da Finanziaria Internazionale SGR e il gruppo Montepaschi con la creazione di un **credit fund di tipo chiuso specializzato in mini-bond** da 2-5 milioni di euro. In base agli accordi, la SGR selezionerà le imprese, la banca senese fungerà da *advisor* e i rating saranno attribuiti dalla bolognese CRIF, registrata come credit rating agency da CONSOB.

Credito alle PMI, il progetto di legge del MIR

Il progetto di legge di iniziativa popolare dei Moderati in Rivoluzione (MIR) di Gianpiero Samorì propone di obbligare gli istituti bancari a finanziare all'1,5% le famiglie e le imprese.

La difficoltà di accesso al credito e l'elevato tasso di interesse praticato costituiscono, in particolare per le piccole e medie imprese, un rilevante fattore di criticità e di svantaggio competitivo, determinando in numerosi casi la chiusura di aziende e la conseguente perdita di posti di lavoro. Per invertire il trend e dunque arrestare l'emorragia economica e finanziaria che sta flagellando il Paese, nell'estate 2013 i **Moderati in Rivoluzione (MIR)** di **Gianpiero Samorì** hanno presentato il progetto di legge di iniziativa popolare **"Norme a tutela del credito a favore di famiglie e imprese"**.

Ad aver spinto i Moderati in Rivoluzione a presentare una legge sul credito è stato il sostanziale fallimento delle due **operazioni di rifinanziamento a lungo termine (LTRO),** promosse dalla BCE nel dicembre 2011 e febbraio 2012. Secondo i relatori del progetto di legge *«la BCE ha immesso nel sistema bancario italiano un'enorme massa di liquidità (circa 255 miliardi di euro, per un incasso al netto dei rimborsi di circa 140 miliardi di euro) che tuttavia non è stata neppure in minima parte trasferita all'economia reale»*. Considerando che circa tre quarti del finanziamento alle imprese proviene proprio dal settore bancario, si fa presto a immaginare le ripercussioni del *credit crunch* sull'economia reale, sugli investimenti e sull'occupazione. La proposta dei Moderati in Rivoluzione intende **obbligare gli istituti bancari a destinare a favore di famiglie ed imprese almeno il 50% delle somme ricevute dalla BCE**, a un tasso che non può superare di tre volte il tasso applicato dalla banca centrale, pena il pagamento di un indennizzo compensativo da destinare a un fondo denominato "**Salva Casa**".

Di seguito il testo integrale del progetto di legge popolare per riavviare il credito bancario ai privati e alle imprese.

***

Norme a tutela del credito a favore di famiglie e imprese

Art.1. Trasmissione all'economia reale delle provvidenze della Banca Centrale Europea (BCE)

La Banca che, avendo avuto accesso o avendo ottenuto, a qualsiasi titolo e in qualsiasi forma, sia direttamente che indirettamente tramite Banca d'Italia o altri soggetti pubblici o privati, provvidenze finanziarie, agevolazioni creditizie, linee di credito, rifinanziamenti o comunque denaro o crediti dalla BCE, non provvede, entro la fine del trimestre solare successivo all'ottenimento di dette provvidenze, somme o crediti, ad aumentare per un importo pari o superiore al 50 per cento delle risorse ricevute l'ammontare complessivo degli affidamenti in essere a favore di famiglie e imprese non finanziarie residenti, come rilevati alla fine del trimestre solare precedente all'ottenimento di ciascuna delle indicate somme, crediti o provvidenze, è tenuta al pagamento di un indennizzo compensativo nella misura e secondo le modalità indicate al successivo Art.3.

Art.2. Tasso applicabile.

Sui maggiori crediti definiti dall'Art.1, il tasso fissato (TAEG) non può superare di tre volte il tasso applicato dalla BCE sulle operazioni principali di rifinanziamento in vigore all'inizio del trimestre solare in cui la banca ha ricevuto le somme, i crediti o provvidenze da parte della BCE.

Art.3. Indennizzi compensativi

1. È costituito presso il Ministero dell'Economia e delle Finanze un fondo denominato Salva Casa.

2. La Banca che, per qualsiasi ragione, non provvede all'aumento dei crediti verso famiglie e imprese non finanziarie residenti secondo quanto previsto dall'Art.1, versa con cadenza trimestrale al fondo Salva Casa un importo pari alla differenza tra il tasso corrisposto alla BCE e il tasso convenzionale del 4 per cento, calcolato sulla differenza tra aumento dovuto degli affidamenti e aumento effettivo nel periodo trimestrale di riferimento.

3. Nelle società amministrate secondo il sistema tradizionale o monistico l'obbligo di ottemperare alla disposizione di cui al comma 2 è posto a carico, anche disgiuntamente, del Direttore Generale, del Presidente del Consiglio di Amministrazione e dell'Amministratore Delegato.

4. Nelle società amministrate secondo il sistema dualistico l'obbligo di ottemperare alla disposizione di cui al comma 2 è posto a carico, anche disgiuntamente, del Direttore Generale, del Presidente del Consiglio di Gestione e dell'Amministratore Delegato.

Art.4. Disposizioni penali e cautelari.

1. La violazione o inesatta applicazione delle disposizioni di cui all'Art.3 è punita con la reclusione da tre a sette anni. Rispondono del reato i soggetti indicati all'Art.3, commi 3 e 4.

2. Non risponde del reato di cui al comma 1 chi, tra i soggetti obbligati, denuncia alla competente Procura della Repubblica, alla Banca d'Italia e al Ministero dell'Economia e delle Finanze la violazione commessa entro i venti giorni successivi alla scadenza di ciascun trimestre.

La Procura della Repubblica competente nel caso di reiterato inadempimento può, in via cautelare, nominare un commissario *ad acta* che provvede, in sostituzione degli organi amministrativi, ad ottemperare all'obbligo di cui all'Art.3.

Art.5. Destinazione delle somme versate al fondo SALVA CASA.

1. Tutti gli importi ricevuti dal fondo Salva Casa sono utilizzati per il pagamento in surroga delle rate scadute e non pagate di mutuo per l'acquisto della prima casa, relative ad immobili per cui è pendente procedura di espropriazione forzata immobiliare.

2. Il pagamento in surroga avviene seguendo l'ordine delle richieste cronologicamente pervenute e corredate unicamente da dichiarazione della banca attestante numero e importo delle rate in mora, dell'atto di pignoramento immobiliare e dal certificato di residenza del richiedente.

3. Il pagamento in surroga a favore degli aventi diritto avviene entro il 10 aprile, 10 luglio, 10 ottobre e 10 dicembre di ciascun anno e produce la estinzione *ex lege* dell'esecuzione forzata immobiliare, salvo che nella procedura espropriativa sia in precedenza intervenuto altro creditore munito di titolo esecutivo.

4. Il fondo Salva Casa si surroga di diritto nell'ipoteca in secondo grado rispetto alla banca mutuataria e concorda con il debitore adeguato piano di rientro che si articola in un periodo non superiore ai trenta anni.

Art.6 Ambito di applicazione

Le disposizioni della presente legge si applicano a tutte le banche, in qualunque forma costituite, aventi sede legale in Italia.

Le risorse della BEI non sono sufficienti: la proposta di rifondazione della CDP

Secondo il forum "Per una nuova finanza pubblica e sociale" i fondi europei stanziati a favore delle PMI italiane sono insufficienti. Ecco perché converrebbe invece trasformare la Cassa Depositi e Prestiti in ente pubblico rendendola indipendente dai mercati dei capitali e dai suoi attuali azionisti privati, ovvero le fondazioni bancarie.

Per fronteggiare la crisi che sta mettendo a dura prova il nostro tessuto economico e sociale, nell'aprile 2013 la **Banca europea per gli investimenti (BEI)** ha deliberato lo stanziamento di 27 miliardi di euro in tre anni a favore delle **piccole e medie imprese (PMI)** e delle grandi opere pubbliche italiane. Saranno le reti di impresa a trarne beneficio, le piccole aggregazioni e le imprese impegnate in attività di ricerca e sviluppo inserite nel programma *Risk sharing instrument*[6].

Sul fronte delle **infrastrutture**, la BEI ricorrerà ai **project bond**. Secondo il vice-presidente della BEI Dario Scannapieco, si tratta di «*strumenti interessanti perché consentono un mix tra investimenti pubblici e privati. Per ora sono stati individuati una quindicina di progetti europei, di cui un paio in Italia*».

L'obiettivo dell'iniziativa è quello di sostenere le PMI italiane ampliando il numero di *partner* ed estendendo il programma anche alle aziende di più piccole dimensioni.

---

[6] Alla fine del 2012 la BEI ha siglato i primi due accordi di finanziamento per le PMI innovative con il programma *Risk sharing instrument* (RSI). Il RSI è frutto della collaborazione tra BEI, Commissione Ue e banche: il Fondo europeo per gli investimenti (FEI), garantisce il 50% del rischio di credito della banca sull'esposizione verso i progetti innovativi delle PMI. La Commissione, invece, offre una garanzia contro le eventuali perdite iniziali, consentendo alle banche di avere più capitale libero per nuovi prestiti.

L'iniziativa di "Per una nuova finanza pubblica e sociale"

«Si continua a parlare di stimolo per la crescita economica ma con misure inadeguate e soprattutto stereotipate: un Mito della crescita ancora legato alle grandi infrastrutture (TAV in primis) da sostenere tramite nuove alchimie finanziarie sui mercati di capitale e con nuovi pesanti indebitamenti per lo Stato. (...) Le misure di "socializzazione" del debito a livello europeo (eurobond e transfer union), e di intervento della Banca Centrale Europea come prestatore di ultima istanza, se anche superassero gli attuali contrasti politici, potrebbero rivelarsi inadeguate a fronte di una esuberanza devastante e sistemica dei mercati finanziari». È quanto si apprende dal portale di "**Per una nuova finanza pubblica e sociale**", un forum indipendente che da qualche tempo sta promuovendo una serie di iniziative volte a fare luce sul ruolo della **Cassa Depositi e Prestiti (CDP)** e più in generale, sulla composizione debitoria dei bilanci pubblici.

Secondo gli attivisti di "Per una nuova finanza pubblica e sociale", la drammatica crisi economica che viviamo suggerisce la necessità di riscoprire la funzione degli investimenti pubblici di lungo termine, per dare fiato alle amministrazioni pubbliche, facilitare l'accesso al credito, creare posti di lavoro e permettere una trasformazione della nostra società verso la sostenibilità ambientale.

Per raggiungere questi ambiziosi *target* senza dover unicamente far affidamento sulla BEI e sugli aiuti comunitari, l'associazione propone di riassegnare alla CDP un ruolo di primo piano, distaccandola dalle logiche di mercato e quindi mettendola realmente a servizio del "bene comune".

«La natura di "bene comune" della Cassa Depositi e Prestiti» ricorda il comitato organizzativo di "Per una nuova finanza pubblica e sociale", *«risulta evidente dalla semplice considerazione sulla provenienza del suo ingente patrimonio, che*

per oltre l'80% deriva dalla raccolta postale, ossia dai risparmi di milioni di lavoratori e cittadini italiani».

La CDP: un ente a servizio delle fondazioni bancarie e non della cittadinanza

A sottolineare la vocazione pubblica della CDP è l'Art.10 del **Decreto del Ministro dell'economia e delle finanze** del 6 ottobre 2004[7], in base al quale *"i finanziamenti della **Cassa Depositi e Prestiti** rivolti a Stato, Regioni, Enti Locali, enti pubblici e organismi di diritto pubblico, costituiscono un **servizio di interesse economico generale**".*

È impensabile, sostengono gli attivisti, lasciar decidere la strategia industriale di un Paese a una società privata, libera di perseguire i propri interessi di profitto nei settori che appaiono più interessanti e redditizi[8]. Ecco perché si rende necessario impiegare le risorse della CPD per finanziare interventi di interesse pubblico e a beneficio del sistema economico italiano. Per farlo sarebbe però opportuno, convertire nuovamente l'istituto in ente pubblico rendendolo indipendente dai mercati dei capitali e dai suoi attuali azionisti privati, ovvero le **fondazioni bancarie**.

---

[7] Si tratta del decreto che ha trasformato la Cassa Depositi e Prestiti in società per azioni, svincolandola almeno in parte dai legami connessi alla precedente forma di ente pubblico.

[8] Secondo l'Art.30 dello Statuto della CDP "Gli utili netti annuali risultanti dal bilancio (..) saranno assegnati (..) alle azioni ordinarie e privilegiate in proporzione al capitale da ciascuna di esse rappresentato".

Spezzare il credit crunch con le cartolarizzazioni dei crediti

Le cartolarizzazioni dei crediti, se opportunamente regolamentate e coperte da garanzie pubbliche, possono essere per le aziende, e in modo particolare per le piccole e medie imprese (PMI), una interessante fonte di finanziamento.

Quando si parla di cartolarizzazioni dei crediti (*loan securitisation*) il pensiero corre immediatamente al 2008 e alla crisi innescata negli Stati Uniti dai cosiddetti mutui *subprime*. Eppure, nonostante la *débâcle* statunitense di inizio millennio, le cartolarizzazioni rappresentano uno degli sviluppi finanziari più interessanti degli ultimi trent'anni. Tali strumenti, se opportunamente regolamentati, possono costituire per le aziende e per le piccole e medie imprese (PMI), una interessante fonte di finanziamento.

La cartolarizzazione e le sue principali caratteristiche

Si tratta di un'operazione relativamente complessa, che coinvolge diversi attori e che può essere schematicamente rappresentata nel seguente modo: una banca (*originator*) cede un portafoglio di prestiti a un'entità esterna denominata *Special Purpose Vehicle* (SPV) che ha per unico oggetto sociale la gestione dell'operazione di cartolarizzazione; lo SPV emette obbligazioni garantite dal valore capitale e dal flusso di interessi attesi sui prestiti cartolarizzati e le colloca presso una banca di investimento che si occuperà di piazzarle presso gli investitori finali.

Di fatto, il prestito bancario viene trasformato in un titolo che consente agli istituti di espandere la concessione dei prestiti. In tal modo si trasferisce sul mercato secondario, il rischio di credito, ottenendo così liquidità e liberando capitale da destinare a nuovi prestiti e a nuove operazioni di cartolarizzazione.

Cartolarizzazioni: benefici e beneficiari

La cartolarizzazione è un'operazione economicamente vantaggiosa sia per l'*originator* che per gli stessi investitori, in quanto consente a questi di investire una quota modesta dei propri risparmi a fronte di rendimenti elevati e con caratteristiche di rischio parzialmente slegate da quelle del rischio Paese. Vi sono, inoltre, benefici tangibili anche per le imprese stesse. Basti considerare che se il 5% dei fondi comuni obbligazionari italiani, fosse investito in questa particolare tipologia di cartolarizzazioni, si metterebbe in circolo all'economia circa 17 miliardi, una cifra pari alla contrazione del credito alle PMI nel 2012.

Come uniformare e regolamentare le cartolarizzazioni

Per poter avviare questo processo virtuoso, ed espandere il mercato delle cartolarizzazioni dei prestiti alle PMI, è necessario agire contestualmente su più fronti.

Innanzitutto occorre **standardizzare i criteri di valutazione delle controparti**. Spesso le informazioni usate dalla banca che origina il prestito non sono facilmente verificabili o presentate in maniera uniforme, il che rende difficile l'assegnazione di un rating a un pacchetto di prestiti. Alcune di queste difficoltà potrebbero essere superate consentendo l'accesso alla Centrale dei Rischi, attraverso interrogazioni *ad hoc*, a chi ha la responsabilità di valutare il rischio di credito dei prestiti cartolarizzati, ad esempio le agenzie di rating.

In secondo luogo, per favorire la crescita di questo mercato sarebbe opportuno che almeno inizialmente, **un soggetto pubblico**, ad esempio la Cassa Depositi e Prestiti, acquisti i prestiti dalle banche ed operi come emittente sul mercato.

Occorrono infine, interventi mirati a **uniformare** la **regolamentazione** delle attività di *loan securitisation*, disciplinando eventuali conflitti di interesse (come nei casi in cui l'*originator* e il proprietario dei fondi coincidano), prevedendo una serie di vincoli di liquidità e inoltre introducendo degli incentivi fiscali per coloro che deterranno questi investimenti nei propri portafogli per un numero minimo di anni.

Abolire le fondazioni (bancarie e non)

Gli scandali che stanno attanagliando il sistema bancario italiano hanno riacceso il dibattito sul ruolo delle fondazioni bancarie e non. C'è chi propone di abolirle per abbattere il debito pubblico di 350 miliardi e versare agli italiani un dividendo di cittadinanza.

Istituite con la legge n.218 del 30 luglio 1990 ("legge Amato"), le fondazioni bancarie sono associazioni no profit nate come espediente tecnico per privatizzare le banche pubbliche e le Casse di Risparmio. Il loro obiettivo è quello di investire in una molteplicità di settori, dalle attività benefiche a sostegno delle comunità locali a quelle culturali e ludiche. Con l'aggravarsi della crisi iniziata nel 2008 è emersa anche un'altra verità: le fondazioni bancarie non hanno mai cessato di occuparsi delle attività bancarie. Alcune fondazioni, anziché sostenere progetti a favore della cittadinanza e fuoriuscire dal capitale delle banche, hanno preferito impiegare le proprie risorse per ricapitalizzare le controllate, indebitandosi. Esemplari sono i casi della Fondazione Monte Paschi che ha partecipato all'aumento di capitale di MPS e della fondazione Banco di Sicilia che ha perso quasi un terzo del suo valore in seguito alla concentrazione in Unicredit della sua dotazione.

50 miliardi sui quali lo Stato non può esercitare alcun controllo

Secondo Mediobanca[9], delle 88 fondazioni presenti sul territorio italiano, ben 22 detengono l'80% di un patrimonio stimato in 50 miliardi di euro sul quale lo Stato non può esercitare alcun controllo. Questo perché la legge n.201 del 22 dicembre 2008 stabilisce che *"non rientrano negli elenchi degli organismi e delle categorie di organismi di diritto pubblico gli enti di cui al decreto legislativo 17 maggio 1999, n.153, e gli enti trasformati in*

---

[9] "Italian Banking Foundations", Mediobanca Securities – A. Filtri, A. Guglielmi, 28 maggio 2012.

associazioni o in fondazioni, sotto la condizione di non usufruire di finanziamenti pubblici o altri ausili pubblici di carattere finanziario, di cui all'articolo 1 del decreto legislativo 30 giugno 1994, n.509, e di cui al decreto legislativo 10 febbraio 1996, n.103, fatte salve le misure di pubblicità sugli appalti di lavori, servizi e forniture".

La proposta Venanzi

Diversi addetti ai lavori, come Riccardo Calimani della Fondazione di Venezia e Francesco Venanzi del Gruppo ENI e rinomati economisti, tra cui Tito Boeri e Luigi Guiso[10], ritengono superato il business model delle fondazioni bancarie.

Questi propongono di trasformarle in S.p.A. e di assegnare i pacchetti azionari al Ministero del Tesoro, che poi gradualmente dismetterebbe le quote, realizzando valori nell'ordine di 50-70 miliardi di euro.

Secondo Francesco Venanzi, questa somma potrebbe essere acquisita al patrimonio dello Stato in funzione "taglia debito" oppure ridistribuita sotto forma di "dividendo di cittadinanza" a tutti gli italiani in regola con il fisco. «*L'assegnazione delle azioni bancarie alle famiglie*» spiega il manager di ENI «*sarebbe un premio a chi le costituisce (le famiglie) e metterebbe in fuori gioco i grandi trust, i fondi pensione e tutti gli speculatori che stanno trasformando questo inizio di secolo in un incubo*».

Samorì: abolire tutte le fondazioni

«*L'Italia è una nazione ricchissima di fondazioni che hanno patrimoni enormi di centinaia e centinaia di miliardi. Si potrebbe attingere a questo importante bacino per ridurre il debito pubblico*». È quanto propone l'avvocato Gianpiero Samorì in materia di fondazioni e risanamento delle finanze pubbliche.

---

[10] "Lettera aperta a Grilli sulle fondazioni bancarie", T. Boeri, L. Guiso, La Repubblica, 17 luglio 2012.

Secondo il banchiere modenese, è possibile raccogliere almeno 350 miliardi di euro dalla nazionalizzazione di tutte le fondazioni (bancarie e non). «*In questo momento straordinario*» osserva Samorì «*questi patrimoni devono essere acquisiti al patrimonio dello Stato in funzione di riduzione del debito, perché sono comunque patrimoni della collettività e non di un singolo privato*».

I Certificati di Credito Fiscale

Estratto ripreso dal portale di Marco Cattaneo[11], autore dei Certificati di Credito Fiscale (CCF), uno strumento equiparabile a moneta complementare avente come obiettivo quello di fornire al Paese i mezzi e la liquidità, per uscire dalla crisi.

Le cause della crisi economica possono essere riassunte nel seguente modo. I paesi dell'eurozona utilizzano la stessa moneta. In alcuni, Germania e i paesi della vecchia "area marco", la crescita di costi e retribuzioni è tenuta sotto controllo in modo molto disciplinato. In altri, Sud Europa, si sono invece registrati aumenti più alti rispetto a quelli della produttività.

Dal 1999 ad oggi si è prodotta, nei costi di lavoro per unità di prodotto, una forbice del 20% circa tra Italia e Germania.

In passato, questo causava la graduale rivalutazione del marco tedesco rispetto alla lira italiana: i cambi flessibili agivano da ammortizzatore. In regime di moneta unica ciò non è più possibile.

Il Nord Europa, data la maggiore competitività, ha accumulato surplus commerciali e crediti; specularmente è cresciuto il debito estero del Sud.

Dal 2009 in poi, anche a causa della congiuntura mondiale negativa prodotta dal fallimento *Lehman Brothers*, sono cresciuti i dubbi sulla capacità dei paesi del Sud Europa di rimanere solvibili. Il mercato ha quindi richiesto interessi più alti sul loro debito, sia pubblico che privato.

---

[11]"Progetto CCF – Certificati di Credito Fiscale: in sintesi" (http://bastaconleurocrisi.blogspot.co.uk/2013/05/progetto-ccf-certificati-di-credito.html)
"I CCF - Certificati di Credito Fiscale: Frequently Asked Questions" (http://bastaconleurocrisi.blogspot.it/2013/02/i-ccf-certificati-di-credito-fiscale.html)

Per prevenire una crisi finanziaria, a partire dal 2011 in Italia si è cercato di migliorare le finanze pubbliche e di rendere più flessibile il mercato del lavoro.

Purtroppo la caduta di domanda e potere d'acquisto è stata molto più accentuata di quanto si sperasse, innescando un circolo vizioso:

- Flessione dei consumi.
- Caduta della produzione e dei redditi.
- Discesa dei valori degli immobili e delle attività patrimoniali.
- Aumento delle sofferenze e riduzione delle erogazioni di credito bancario.
- Buona parte dei benefici delle maggiori imposte sui conti pubblici è stata erosa dalla caduta della base imponibile.
- La contrazione del denominatore ha incrementato il rapporto debito pubblico/PIL.

Eliminare o ridurre fortemente il delta di costo del lavoro per unità di prodotto tra Italia e Germania non è possibile, nei tempi imposti dalla crisi, tramite interventi su organizzazione aziendale e innovazione tecnologica che richiedono periodi ben più lunghi.

La via della riduzione salariale è altrettanto sterile: riduce domanda e PIL, deteriora il credito e squilibra ulteriormente la finanza pubblica.

Il progetto Certificati di Credito Fiscale (CCF) è finalizzato a risolvere i problemi strutturali del sistema euro nel modo seguente.

1. Emissione di circa 200 miliardi all'anno di titoli, i CCF, utilizzabili per pagare tasse, imposte o qualsiasi altra obbligazione finanziaria verso le pubbliche amministrazioni, a partire da due anni dopo la loro emissione.

2. I CCF sono assegnati gratuitamente ai datori di lavoro del settore privato, 80 miliardi circa, mentre ai lavoratori dipendenti ed agli autonomi spetterebbero 70 miliardi circa e i residui 50 miliardi andrebbero destinati per altri scopi: ripristino di tagli a servizi pubblici essenziali, sostegno al reddito dei ceti sociali disagiati, riduzione dello scaduto di pagamenti dovuti dalle pubbliche amministrazioni ai fornitori ecc.

In particolare, la quota destinata a ridurre il costo del lavoro del settore privato, riporta la competitività delle aziende italiane ai livelli tedeschi, ottenendo effetti simili a un riallineamento valutario.

Occorre evidenziare che i CCF non sono debito pubblico, perciò lo Stato non li rimborserà alla scadenza. I CCF verrebbero, invece, accettati a saldo di obbligazioni finanziarie. I CCF sono una moneta nazionale con utilizzo differito che lo Stato italiano può emettere autonomamente e che potrà affiancare l'euro.

Il percettore dei CCF potrà monetizzarli in anticipo rispetto alla scadenza, con uno sconto di mercato finanziario, oppure utilizzarli per transazioni tra privati.

Recenti stime formulate da eminenti studiosi, tra cui Olivier Blanchard, capo economista del Fondo Monetario Internazionale, e Paul Krugman, Premio Nobel 2008, indicano che in una situazione di economia depressa, uno stimolo al potere d'acquisto e alla domanda produce effetti di espansione del PIL più che proporzionali.

L'immissione di 200 miliardi di CCF nell'economia italiana causerebbe 260 miliardi di maggior PIL, consentendo di recuperare tutti gli effetti della crisi, in termini di reddito e di occupazione.

Considerando che il gettito fiscale è poco meno del 50% del PIL, i 260 miliardi di maggior PIL producono circa 120 miliardi di maggiori entrate fiscali annue. Questo dato è inferiore ai 200 miliardi annui che verrebbero assorbiti dall'utilizzo dei CCF. Tenuto conto, però, che tale utilizzo avviene solo dal terzo anno in poi e che la "forbice" di maggior PIL cresce nel tempo, il debito pubblico in valore rimane a livelli simili.

Postfazione

Di Luigi Patisso

Se esistono spinte, anche forti, per restare all'interno di un'Europa Unita, certamente la percezione ed il sentire delle persone che vivono la propria realtà ed il quotidiano, non è positivo.

Non solo la Gran Bretagna ma molti Paesi si trovano a dover gestire l'insoddisfazione e la scelta futura se collocarsi dentro o fuori l'UE. Diventa, perciò obbligatoria un'analisi critica che porti a strategie di avvicinamento all'opinione pubblica e di apprezzamento delle proprie scelte, rispetto ad arrocchi e rigidi modelli elitari sconosciuti e poco comprensibili.

Non condivido la linea antieuropeista del ritorno al nazionalismo e alla sua capacità autarchica. Non vedo nelle istituzioni europee la più grande debolezza delle risposte anticrisi e ritengo fondamentale la determinazione di alcuni parametri sui quali coordinare le azioni economiche dei singoli Paesi.

Non sarò io però, a negare i dati: la lentezza e l'inadeguatezza delle politiche economiche soprattutto fiscali hanno contraddistinto questo lunghissimo periodo di crisi.

Concordo con l'Autore sulla necessità di focalizzare un obiettivo di medio-lungo termine che permetta di intraprendere una strada univoca, riconosciuta e condivisa.

A livello politico l'onda euroscettica risulta essere un insieme indefinito di idee, atteggiamenti, politiche ed obiettivi. Non solo in

Italia ma in ogni altro Paese dell'Unione la tendenza è identificare la causa del problema al di fuori dei confini nazionali.

E chi meglio dell'Europa può fungere da capro espiatorio, da nemico da combattere? Chi tra i cittadini conosce davvero le funzioni delle istituzioni, gli obiettivi e gli strumenti a disposizione delle Commissioni, i doveri dei governi nazionali? Intanto bisogna sconfiggere e annullare l'Europa e il problema resterà esattamente identico, se non peggiore di quello attuale.

Ritengo il saggio di Stefano Fugazzi, un vero stimolo al confronto di opinioni, di analisi delle diverse posizioni e soprattutto un interessante avvio di spunti da cui iniziare un percorso di cambiamento, di riforme e di pianificazione di strategie efficaci. Lo scopo non è solo quello di individuare la ripresa economica ma anche il miglioramento della gestione di un'economia europea che per tradizione culturale resta sempre uno degli epicentri del mondo.

Avendo valutato scrupolosamente i lavori di Fugazzi e ripercorrendo i singoli interventi proposti dallo stesso in "ABC Italia", non si può che plaudire alla scelta, alla qualità, alla natura delle ricerche poste alla base dei suoi lavori. Di fatto però, soprattutto considerando le riprese sulle azioni di politica monetaria europea e sui limiti imposti dal rapporto deficit/PIL, non si ritrovano richieste fondate sull'uscita dall'euro e quello che veramente risalta è la necessità di maggiore efficacia delle azioni interne e di maggiore efficienza del sistema paese.

D'altra parte, la più consolidata analisi economica richiede sempre e ad ogni sistema economico, il miglior livello di efficienza attraverso una concorrenza sui mercati dei beni e dei servizi, un mercato di lavoro flessibile, una ricerca ed un'innovazione tecnologica continua ed una capacità effettiva dello Stato per produrre e far rispettare le regole che difendono la proprietà e i suoi cittadini.

Su questi punti l'Italia ha ancora molta strada da percorrere, soprattutto per quanto riguarda l'atteggiamento dei suoi rappresentanti politici, imprenditoriali e sindacali.

Questi sono a tutti gli effetti gli elementi su cui lavorare e confrontarsi. Stefano Fugazzi con la sua presenza diretta ad un seminario dell'*Università eCampus*, ha contribuito fattivamente ad imboccare questa direzione e il suo attuale lavoro risulta essere la giusta e matura continuazione del primo libro.

Occorre evidenziare l'attenzione posta dall'Autore sui possibili interventi alle PMI italiane ed in particolar modo, sulla necessità di affrontare il *credit crunch*.

In tal senso, le azioni potenziali della Banca Centrale Europea possono certamente essere da stimolo e determinare una ripresa delle attività del nostro sistema economico che sulle PMI fonda la sua spinta imprenditoriale ed il suo sistema produttivo. Al tempo stesso, le modalità di erogazione del credito del nostro sistema bancario hanno una rilevante responsabilità nel freno all'economia interna, limitando gli effetti delle azioni che la BCE ha già intrapreso, frenando tra l'altro l'accesso al credito delle imprese.

Inoltre è fondamentale stimolare maggiormente i singoli imprenditori a percorrere nuove strade nella raccolta finanziaria, senza dimenticare la necessità di formare e indirizzare gli stessi ad un costante incremento della capitalizzazione delle proprie aziende, magari attraverso la detassazione completa degli utili portati ad incremento del capitale. Sono questi gli aspetti più deboli del nostro sistema produttivo e di predisposizione dei nostri imprenditori, tutti indipendenti dall'euro, dall'Unione Europea e dalla BCE.

Oggi l'UE non è un sistema unico ed efficiente, può contare su una buona integrazione con il Mercato Unico e con gli scambi di beni, servizi e persone ma presenta delle fortissime contraddizioni e differenze nei più svariati settori, all'interno di diversi paesi. L'UE ha una sicura gestione della moneta unica grazie all'indipendenza politica della BCE ma deve ancora percorrere tanta strada per completare il processo d'integrazione e di unificazione. Può essere legittimo che qualcuno non auspichi tale processo e che lo combatta, lo è meno che si rappresenti l'abbattimento di un progetto di unione come soluzione. Secondo molti euroscettici il declino economico italiano dura da quasi cinquant'anni, a questo punto sorge spontanea una domanda: perché avanzare l'idea che il problema sia l'euro e l'Europa degli ultimi dieci anni?

Luigi Patisso,

Cattedra di Politica Economica,

Università degli Studi eCampus

Bibliografia

Alesina A., Barro R.J.,Tenreyro S., *Optimal Currency Areas*, Harvard Institute of Economic Research, Discussion Paper Number 1958, 2002

Boeri T., Guiso L., *Lettera aperta a Grilli sulle fondazioni bancarie*, La Repubblica, 17 luglio 2012.

Cattaneo M., Zibordi G., *La soluzione per l'euro: 200 miliardi per rimettere in moto l'economia italiana*, Hoepli, 2014.

Felice E.,Vecchi G., *Italy's growth and decline, 1861-2011*, Centre for Economic and International Studies, research paper Vol. 11/13, N. 293, ottobre 2013.

Fratianni M., Rinaldi A. M., Savona P., *Una proposta per ridurre il fardello del debito pubblico italiano*, Monetary & Finance Research Group, Working paper no. 81, aprile 2013.

Filtri A., Guglielmi A., *Italian Banking Foundations*, Mediobanca Securities, 28 maggio 2012.

Friedman M., *The Case for Flexible Exchange Rates*, Essays in Positive Economics, Chicago, The University of Chicago Press, 1953.

Fugazzi S., *Idee per l'Italia: abbattere il debito pubblico per restituire all'Italia la sovranità in politica economica*, ABC Economics, maggio 2013.

Herndon T., T. Ash T., R. Pollin R., *Does High Public Debt Consistently Stife Economic Growth? A Critique of Reinhart and*

Rogoff, Political Economy Research Institute – University of Massachusetts Amherst, Working Paper N. 322, aprile 2013.

Hoogduin L., ÖztürkB. and Wierts P., *Public debt managers' behaviour: Interactions with macro policies*, Revue Économique, Vol. 2, N. 62, 2011.

Istat, *Nota mensile sull'andamento dell'economia italiana*, aprile 2016.

Istituto Bruno Leoni, *Un'agenda di privatizzazioni*, IBL Working Paper, agosto 2011.

Legrenzi G., Milas C., *Debt Sustainability and Financial Crises: Evidence from the GIIPS*, The Rimini Centre for Economic Analysis, Working Paper 42/11, 2011.

Krugman P., Wells R., *Macroeconomia*, Zanichelli, 2006.

Mastrangelo F., *Tentativi di unione monetaria in Europa dall'antichità al XIX secolo*, Università degli Studi di Napoli Federico II, 2001.

Meade J., *The Balance of Payments Problems of a Free Trade Area*, The Economic Journal, Vol. 67/267, 1957.

Ministero dell'Economia e delle Finanze, *La Spesa dello Stato Dall'Unità d'Italia – Anni 1862-2009*, Dipartimento della Ragioneria Generale dello Stato, gennaio 2011.

Mundell R., *A Theory of Optimum Currency Areas*, American Economic Review, Vol. 4/51, 1961.

Reinhart C., Rogoff K., *Growth in a time of debt*, American Economic Review, Vol. 100, 2/2010, maggio 2010.

Per la redazione del suddetto saggio sono stati anche consultati, tra gli altri, i seguenti portali web:

ABC Economics

Associazione Bancaria Italiana

Banca Centrale Europea

Banca d'Italia

Cassa Depositi e Prestiti

Commissione Europea

Confederazione Nazionale dell'Artigianato

Confindustria

Einaudi Institute for Economics and Finance

Fondazione Astrid

Fondazione Symbola

Fondo Monetario Internazionale

Giovani Dirigenti Pubblici

Giovani Manager Privati

Il Sole 24 Ore

Il Sussidiario

Investire Oggi

La Voce

Ministero delle Finanze

Moderati in Rivoluzione

The European House Ambrosetti

Unesco

Università Bocconi

Vox – CEPR's Policy Portal

Ringraziamenti

Si ringraziano le persone che con il loro supporto tecnico e morale, diretto e indiretto, hanno contribuito alla realizzazione di questo volume:

ABC Economics, Marco Cattaneo, Centro Studi di Confindustria, Viviana De Pascali, Famiglia Fugazzi, Italoeuropeo, Investire Oggi, Linkiesta, London School of Journalism, UCD Michael Smurfit Graduate School of Business e John Wood.

Un ringraziamento particolare a Paola De Pascali e Luigi Patisso per aver curato rispettivamente la Prefazione e la Postfazione.

I fatti della situazione attuale entrano, in modo sproporzionato, nella formazione delle nostre aspettative di lungo termine; la pratica usuale è di proiettare la situazione presente nel futuro.

Se ci aspettiamo grandi cambiamenti ma siamo molto incerti su quale forma esattamente prenderanno, allora la nostra fiducia sarà debole. Lo stato della fiducia è rilevante perché è uno dei fattori principali nel determinare gli investimenti.

John M. Keynes, Teoria generale, 1936

Questa parte di albero è diventata libro.
Possa un giorno,
dopo aver compiuto il suo ciclo
presso gli uomini desiderosi di conoscenza,
ritornare alla terra
e diventare nuovo albero.

www.ingramcontent.com/pod-product-compliance
Lightning Source LLC
Chambersburg PA
CBHW070234180526
45158CB00001BA/492